奥田 透

Toru Okuda

日本料理は、なぜ世界から絶賛されるのか

JN066685

ポプラ新書

218

日本料理は、なぜ世界から絶賛されるのか／目次

序　章　ミシュランガイドと日本料理　9
ミシュランガイドが東京に上陸した　10
ミシュランガイドと観光大国ニッポン　15
星付き飲食店、東京は世界一の数　17
ミシュランガイド日本発売から14年が経って　19
第1章　日本料理の神髄とは何か　23
「和」に表現される日本料理　24
和食と日本料理と懐石料理と会席料理　26
日本料理が生まれた理由　29
SDGsの先をいく日本料理　31
繊細な味つけの日本料理　33

日本料理にメインディッシュはない　34
献立を考える　36
料理はその手間がおいしさにつながっている　40
日本料理がなくなる？　44
日本文化は日本人が守る　48
「いただきます」に込められた思い　51
日本料理のマナーとは　55

第2章　「調理法」から見る日本料理　59

料理は自然が一番　60
切る～和包丁は日本独特　63
切る～「包丁の切れる人」は褒め言葉　66
切る～精神性が求められる　71

切る〜修業で一人前になるには　74
焼く〜炭火のよさ　78
魚を焼く　83
肉を焼く　85
串を打つ　87
揚げる　88
煮る・蒸す　91
和える　95
盛り付ける　96

第3章　「素材」から見る日本料理　101
いい素材には生命力を感じる　102
味覚について　104

魚～活け締めが大事 107
うなぎ～天然大うなぎ 112
うなぎ～蒸すか焼くか 118
鮎～夏の花形料理 122
鮎～究極の塩焼き 125
牛肉～ブランド和牛と等級について 132
ジビエ～野生の味わい 139
魚も肉も熟成ブーム？ 142
松茸～産地と品質 146
野菜～原点を見直す 151
お米～日本人の心 155
水～料理の味を左右する 158
だし～料理の命 162

第4章　「グローバル」から見る日本料理　171
世界一繊細な舌を持つ日本人　172
世界の味覚　174
海外の外食事情　179
海外の店舗での食材事情　185
日本料理は世界一？　196
日本料理の未来　203

あとがき　206

序章

ミシュランガイドと日本料理

ミシュランガイドが東京に上陸した

２００７年11月19日の月曜日、世界的に権威のあるフランス発の飲食店ガイドブック、ミシュランガイドの東京版に掲載されるお店が発表されました。これはアジアでは初のことで、とても注目を浴びました。

盛大な出版記念パーティが開かれ、数多くのメディアやおびただしい飲食店関係者が集まり、翌日は地方紙の一面にも飾られるほどの社会現象になりました。

ミシュランガイドが東京で出版されるという噂は1年くらい前から飲食店業界内では静かにささやかれていました。

日本料理をやっている私としては、フランス料理やイタリア料理のレストランの評価だけだろうと勝手に思い込み、まさか和食や寿司や天ぷらや蕎麦などの日本食があのミシュランガイドで評価の対象になるとは、思ってもいませんでした。

発表の噂が現実味を帯びてくる頃には、周囲からは「どうも、和食も寿司も天ぷらも評価の対象になるらしい」というたくさんの声が聞こえ始めました。

それと同時に、飲食業界の中では、外国人が本当に日本食を評価できるのかという懐疑的な意見も出ていました。

当店も、当時は外資系の証券会社などが日本に進出してきたこともあり、外国人のお客様がカウンターで食事をするのは、よくあることで、そんな中、フランス語が飛びかうことも、たまにありました。

もしかしたら、そのフランス語を話すお客様の中に、調査員がいたのかもしれませんが、うちの店のような10人ちょっとしかお客様が入らない小さな店までも評価の対象になるとは考えにくく、私としてはあまり気にもせず、いつも通りの営業をしていました。

しかしミシュランガイドお披露目の日の数カ月前には、うちの店にも出版記念パーティの招待状が届き、「もしかしたら評価の対象になっているのかも？」と思い始めましたが、今回のミシュランガイドの評価の基準は誰一人知る由もありませんでした。

そして、忘れもしません。11月19日の午前10時半くらいのことです。私の携帯に非通知の電話がかかってきて、電話を取ると、女性の声で「ミシュランガイドのものですが、２００８年のミシュランガイド東京版において、銀座小十は三つ星の評価になりました。ついては総責任者ジャン＝リュック・ナレよりご挨拶がありますʼ」と言うではありませんか。

するとʼ、本人に替わったらしく　男性の声で何やらフランス語が聞こえてきます。内容は、「おめでとう、あなたの店は三つ星になりました」というようなものだったと思いますが、さすがに全部はよくわからず、ただただ何が起こったのかわからないまま、身体が硬直しました。

もちろん本当に三つ星かどうかも確信が持てませんので、一応、妻や母など家族には伝えたものの、「まだ黙っていてほしい」ということで、夕方からのパーティに出席しました。

すると三つ星はやはり本当のことで、私の店以外にも日本料理では、「神田」さん、「濱田家」さん、それから寿司では「すきやばし次郎」さんに「鮨　水谷」さん、さらにフランス料理では、「ジョエル・ロブション」に「ロオジエ」、「カンテサンス」と全部で8店舗が三つ星に選ばれていました。

壇上にあがって表彰されると、自分が生きているうちに、これ以上のフラッシュを浴びることはないだろう、というくらいたくさんのまばゆいフラッシュを浴び、今までの苦労が一瞬ではありますが、むくわれたような、夢のような気持ちになりました。

日本初のミシュランガイド東京版には、三つ星は8店舗、二つ星に25店舗、一つ星に117店舗が選ばれ、その中にはもちろん日本料理の店も数多く含まれていました。つまり今回のことによって、東京にある日本料理店の多くが世界基準で格付けをされたということです。このことによって、東京のレストラン事情はもちろん、私自身の人生も大きく変わっていきました。

翌日からは社会現象と言ってもいいくらい、星を取った店が、テレビや新聞、雑誌などで取りあげられるようになり、私のところにも何十年も会わない消息のわからなかった友人知人から連絡があったり、お祝いの電報やハガキが届いたり、さらには予約の電話も鳴りやまないという、想像以上の反響がありました。

そんなうれしい反響と同時に、メディアやお客様からは、「本当にこの店が三つ星なのか?」という毎日厳しい評価の視線にさらされるようになったのも事実です。

そもそも欧米の三つ星店は、広くて造りもゴージャスで、三つ星店としての美しさや品格を兼ね備えている店が多いのです。またミシュランガイド東京版が出る以前には、サービスの質も評価の対象に入っており、優雅でエレガントなサービス、きめ細かいお客様への気遣いといったものも三つ星を取るためには、当然に求められる要素でした。

そんな中、今回のミシュランガイド東京版は、和食店や寿司店も評価されたため、お客様が思う今までの三つ星レストランとは大きく違った印象があったと思います。

さらに私としては、自分の店が三つ星店と評価された事によって、私も含めいらっしゃるお客様も「日本料理店の三つ星」という新たな定義と価値観を探していかなければならないこととなりました。

ありがたいことにお客様はたくさん増えたのですが、カウンター6席、個室2つのわずか14席の小さな日本料理店が、こういった三つ星の価値観と対等になるには少し時間がかかるような気がしました。

とはいえ、私自身としては日々の精一杯のことをするしか手段はありません。そして何を言われても、三つ星という価値観に縛られることなく、今まで通り自分らしく変わらずやり続けようと心に誓ったのもよく覚えています。

恐らく、世の中にさらされるということはこういうことなのだろうと思います。世界中のありとあらゆる料理店で三つ星を取ったすべての料理人が、様々な問題、様々な思いの中で大きな葛藤と戦ってきたはずです。

そして私自身、これを乗り越えなければ本物ではないと強く思いました。

ミシュランガイドと観光大国ニッポン

２００７年の日本でのミシュランガイドの発表とあいまって、東京は美食の街だということが世界中に知れ渡り、それと共に日本全国各地の観光地が世界から見直されることになりました。

この2007年のミシュランガイド出版のあと、2008年に観光庁が設立されるなどして、コロナ直前まで、日本が観光大国として、世界中から観光客を受け入れるようになるのはみなさんもご存じの通りです。

その証拠に2006年に733万人だった訪日観光客数は、2019年には約3200万人と4倍以上の人数に増加しています。この経済効果は計り知れません。

つまりこのミシュランガイドが、日本のインバウンドの火付け役になったと言っても過言ではないのです。

それまでの日本は、観光立国としては遅れていて、優れた景色や温泉など、ものすごくいい素材が北海道から沖縄まで存在していたのに、当の日本人たちからはあまり注目されていませんでした。

実は、2007年のミシュランガイドの表彰式の時に、私の隣に当時の国土交通大臣がいたので、もしかしたら国もミシュランガイドの招致に関わっていたのかもしれません。

今は、大きく局面が変わり、日本が世界で一番行きたい国にエントリーされるようになったことは、とても喜ばしいことです。


当然、私たち料理人も常に注目を浴びていますから、いつも気を引き締めていかないとと思っています。

星付き飲食店、東京は世界一の数

このように、2008年のミシュランガイド東京版は、一つ星から三つ星までのレストランの星数を足すとパリの数の二倍ほど多い、世界一の星の数になりました。

しかし、冷静に考えてみると、パリ市は面積が山手線の内側くらいの広さしかなく、人口も220万人ほどです。東京の人口が1400万人ほどいるとすると、自然と飲食店の数も東京より少なく、物理的に比べる基準が大きく違ってきます。

ただミシュランガイドの東京版が発刊されたことで、東京が世界の美食の都市に名乗りを上げたのは間違いなく、2年後に発表された京都・大阪版も含め、今となっては日本自体が世界に美食の国と認められようとしています。

私個人としては、世界中の食を語るにはあまりにも経験が少ないのかもしれませんが、客観的に見てやはり日本が世界一の美食の国であることは間違いないと思っています。

中でも東京は際立っています。

日本食はもとより、世界各国の料理がものすごくハイレベルで提供されており、高級店からワンコインの身近な食事まで素晴らしいクオリティを保っているのもこの国のすごいところです。

清潔で勤勉で手先も器用な日本人のいいところが料理を通して表現されています。

ミシュランガイドが東京に来て14年ほど経った今、東京は世界基準の美食の街ということが証明されたのではないでしょうか。

ミシュランガイド日本発売から14年が経って

ミシュランガイドも今や、北は北海道から北陸・九州までエリアを広げており、今後は日本中のあらゆるエリアが評価の対象になりそうな勢いです。

外国人観光客にとっても、ミシュランガイドがあることで、日本での観光がよりワクワクドキドキするものになっているということはありがたいことです。

そして今やアジア圏でのミシュランガイドの発行は日本だけではなく、香港、台湾、中国、韓国、タイ、シンガポールなど、14年間でかなりの国のガイドが出揃いました。ミシュランが日本にやってきたことで、日本の食の基準を世界に示したことは間違いなく世界における日本食の可能性を大きく広げました。

いろいろなことが言われ続けたミシュランガイドではありますが、星を目指して頑張る料理人やお店、それを楽しむお客様がいる一方で、全くそんな基準を気にしない料理人やお店、お客様もいて、どちらにしても少なくともミシュランガイドを意識していることは変わりなく、これは１００年以上続くミシュランガイドならではの存在感だと思います。

ただ、日本人も海外からの評価ばかりを気にしたり、いつまでも喜んでいるだけでなく、食の分野も含めて日本の様々な価値は、我々日本人の力で発信していくべきではないでしょうか。

こんなに素晴らしい日本の食文化がありながら、まだまだ世界に伝わっていないという現実は、私自身、いつも残念に思うところです。

私自身はパリ店を出店した翌年に、7年間の三つ星生活から二つ星に降格し、明日からどうなるのだろうという多少の不安もある中、なんとか今日を迎えています。ミシュランガイドで三つ星になって得たもの、二つ星になって失ったもの、これは味わった人間でしか分からない貴重な体験ではありますが、私の人生はいつもこのアップダウンの激しいところが常であり、このアップダウンを刺激としていつも頑張ってきました。

こういった経験があるからこそ、たくさんの問題点や反省点、明日への発展につながる次なる課題もたくさん見つかります。人はこうして成長し、進歩するものではないでしょうか。

それと同時に自分の周囲の様々な価値観などは、あまり気にする事もなくなってきました。

物を作るという仕事は、10人のお客様に認められることがあっても、100人のお客様に認められることはないと思っています。100人のお客様の意見を聞き、100人のお客様に合う物を作りだすと、自分の作りたかった物は失われていくものです。

物作りと店作りの究極は、自分がやりたいことをきちんと示せるかどうかだと思います。料理だけではなく、音楽、美術、芸術、全てにおいて、何かを生み出すという仕事は同じことだと思います。

自分自身を信じ、自分が生み出したものに対しての評価は甘んじて受け止めるべきだと思っています。それが次への発展につながるはずです。

いろいろな意見のあるミシュランガイドではありますが、日本で起こした様々な食の社会現象は、我々料理人にとっても大きな起爆剤となっており、世界中の飲食業界に多大なる影響をもたらしたことは間違いありません。

第1章

日本料理の神髄とは何か

「和」に表現される日本料理

みなさんは日本料理というと何をイメージするでしょうか？

定食のようなものでしょうか？

それとも懐石料理や松花堂弁当のようなものでしょうか？


日本料理を日本で生まれた料理と定義するのであれば、寿司や天ぷら、蕎麦、焼き鳥だって日本発祥のものですから、こういった料理も日本料理といえば日本料理です。

そもそも、日本の昔の人たちは、自分たちが食べている物が「日本料理」だということは、特に意識していなかったと思います。

自分たちの周囲で獲れた魚、採れた山菜や木の実、そして自分たちが田や畑を耕して作ったもの、それらを当たり前に食べていたのではないでしょうか。


それから日本料理を和食とも言いますが、日本料理と和食は何が違うかというと、別に呼び方が違うだけで、これらは同じものだと思います。

それこそ昔の人は、ただ、「日本」を示すものとして、「和」という言葉を付けたわけです。和風という言葉もありますし、食事は和食、紙は和紙、お部屋は和室、着る物は和服、お菓子は和菓子、楽器は和楽器、牛肉は和牛……。和の付く言葉はいっぱいありますし、日本のことだってそもそも「大和」と呼んでいました。

和という漢字は、「なごみ、なごむ」とも読みますので、そういう日本を象徴する優しさやおおらかさといったものがこの文字には表現されているのではないでしょうか。

和服にしても、和室にしても、和が付く言葉には、「なごみ、なごむ」といったものが、自然に表現されていたのかなと思います。

そしてその延長に和食があるというわけです。

しかし、今現在、和の付くものが全部なくなりつつあり、私はそこに危機感を覚えています。この話は後程詳しくしたいと思いますが、和の付くもので、今、残っているものは、もしかしたら和牛くらいではないでしょうか（笑）。下手をしたら和食も今、なくなりかけています。

和食と日本料理と懐石料理と会席料理

みなさんの中では、何となくの世間のイメージからなのでしょうか、日本料理＝懐石料理と思っている方も多いのではないでしょうか。

「懐石料理」というのはそもそも「懐石」という禅から来た言葉です。その昔、空腹や寒さをしのぐため、僧侶は懐に温めた石を入れて暖を取っていました。転じてその石のように、茶事の時の空腹をしのぐための軽い料理、お茶を楽しむために先に客人に出す料理のことを懐石料理と呼ぶようになったというわけです。

一方で「会席料理」というものもあります。

こちらは、人と人が「会って」楽しく食事をする料理のことです。音が同じ「かいせき」なので、双方を区別するために、懐石料理を茶懐石と言ったりもします。

では、私がやっているものは何か、というと、間違いなく「会」う「席」の会席料理です。そもそも会席料理は、先の茶懐石をもう少しお酒や何か、集まりを主体にして砕いた形にしたものとも言えます。

現代の日本人が茶懐石を1年の中でどれだけ味わう機会があるかというと、ほとんどありません。茶事を前提とした本格的な茶懐石になると、一生のうちで経験する人は、さらに少なくなります。

ですから逆にいうと、何かそれに近いもの、もしくはそういったものでも、もう少しだけリラックスできるものはないのかといって、商業的にできたのが会席料理です。私の店のようにカウンターや個室がある店もこのスタイルだと思います。ただ私のやっていることは茶懐石とまではいきませんが、精神的には懐石をやっているつもりでいます。客人を「もてなす」という意味では同じだからです。

ただ懐石料理では、最初に少しの汁と飯が出てくるので、そこはお酒を楽しむのが目的だったりする会席料理とは大きく違います。

また、「会席」というと100人、200人規模のものまでを会席料理と呼ぶこともあります。

個人的な意見を言えば、日本料理を分類する際に、

1　正式なお茶事で出される、しきたりの多い料理を茶懐石や懐石と呼び

2　私の店のようなこぢんまりとした小規模なお店で、お酒にあわせて一品ずつ順番に出される日本料理を会席料理と呼び

3　100人、200人規模で、宴会を目的とした日本料理も会席料理と呼ぶことがあり

4　一般的な家庭でいただくお総菜や和定食のような身近なものを和食と呼ぶ

という風に4つに区別できれば一番よかったのではないかなと思っています。

この分け方なら、ややこしい疑問も解決され、日本人でいながら日本料理と和食の区別が説明できない、といったこともなくなったのではないでしょうか。

日本料理も和食ですし、懐石料理も和食であることは間違いないのです。メディア

をはじめ、日本人は使い分けの線引きができていない。定義が曖昧だからややこしくなっているのではないでしょうか。

私も取材などを受けた際やお客様から「日本料理と和食は何が違うのでしょうか？」といったような質問を受けることも多いです。

でも、ある意味、大きくいうと、一緒だということは間違いないと思います。

日本料理が生まれた理由

私は、日本料理とは、日本だからこそ生まれた料理のことをさすと思っています。自然の成り行きの中で自然現象としてこの国で生まれてきたものが日本料理なのです。

日本料理が日本料理であるためには、いろいろな要素、それこそ地形や気候などといった自然現象が大切なのですが、日本料理が日本料理であるために一番重要なのは食材です。

例えば、魚一つをとっても、日本は世界で類のない豊富な種類と質のいい魚が獲れて、我々はそれを自然に調理して食べてきたわけです。

それから稲作も日本料理には欠かせません。弥生時代に始まった稲作が日本中に広がり、それが主食になりました。

米作があったから、みそ・醬油を作ることもできたのです。

さらに冷蔵庫のない時代も長くあり、長期保存をするために食材を干したり、煮たり、漬けたり。また日本独自のみそや醬油といった発酵食品ができて、今でも欠かせない調味料として使っています。

このように生きるための知恵から日本料理が発展してきました。

さらに日本には、四季があったということも大きいと思います。

例えば芽吹きの春、生命が生き生きと育つ夏、収穫の秋、そして寒さをしのぎ、土の中でたくわえる冬……。気候はもちろん、それに伴って温度や湿度が変わることで、獲れるもの、採れるものが変わる。それによって調理法や保存法も変わってきます。

毎日同じように食べるものの用意をしていても、季節に応じて対応をしていかなければならない。そしてそれが積み重なってその土地の食文化になっていくわけですから、日本のこの自然現象があって、この日本食、和食、食文化が生まれ、現代に続いているということになります。

何よりもそこに住む人の身体にとって必要なもの。暑さや寒さに対して必要なもの。四季折々に応じてとれる食材が日本料理になり、それが日本の食文化につながってきたのです。

ＳＤＧｓの先をいく日本料理

そんな日本料理の魅力はたくさんあるのですが、その中でも強調したい魅力が世界一の健康食だという点です。

なぜそうなのかというと栄養面とバランスのよさです。

そもそも日本料理は、油をほとんど使いません。ですから身体への負担が少ないのです。

また、四季折々、その時の人間の身体に必要な食材、例えば身体を温めたり冷やしたりする食材がバラエティ豊かにそろいます。人間の身体にあった食材ということは、これも身体への負担が少ないということで、健康を維持するのに適していると言えます。

今、世間では地球を守るためにＳＤＧｓが話題になっていますが、そもそも和食の存在そのものがＳＤＧｓの項目をいくつも体現しています。

たぶん世界の中で、これ以上バランスがよくて健康的な料理は他にはないと思います。

環境と人間との関係を考えた時に、卵が先か、鶏が先かではないですけれども、豊かな食材がとれる恵まれた環境下に日本があったので人間の身体によい日本食というものが発展してきたのか、それともそういう食文化で育ってきたために日本人というものが出来上がったのか。

お互い様だとはいえ、環境と人間とは相互に影響し合ってきたといえるのではないでしょうか。

繊細な味つけの日本料理

それから味つけの繊細さも大きな特徴の一つです。

日本料理は世界のどの料理よりも恐らく最も繊細じゃないかと思います。先にもお話ししましたが、日本料理が極端に油を使わない料理だからです。

もちろん天ぷら、唐揚げ、といった油を使った料理も日本料理には存在しています。しかし他の国の料理と比べても、油を使う量が極端に少ないのです。

西洋料理の多くは、例えば生野菜を使ったサラダにしても、最後の味つけにはドレッシングをかけるなど、どこかで油が加わります。魚介類を炒めるにしても、オリーブオイルやバターを使います。

油を使うと、確かに料理はおいしくなるのですが、どこかで料理の味つけを油に頼ってしまうのも事実です。

それに対して、日本料理は、だしの旨みを中心としているので、味つけも油を必要としないものが多いのです。

ですので、味をみる時にはものすごく神経を舌に集中します。

日本料理にメインディッシュはない

西洋料理にはメインディッシュがあります。

それは、ほぼ肉料理をさします。

逆に言うと、それまでの食事はそのメインディッシュを食べるためにいただくもの。昔は肉料理を食べる前に、口直しのシャーベットまで出していました。メインディッシュというのはそれだけ偉大なるものなのです。

一方で日本料理にはメインディッシュはないと思っています。しかし最近では私のお店にいらっしゃるお客様の中にも西洋料理に慣れていて、私の出す日本料理の中で、どれがメインディッシュかと聞いてくる方が結構いらっしゃいます。

するとと答えに悩みます。

なぜ悩むのでしょうか？

煮物も鯛のお刺身もいい食材です。炭火で焼いた魚料理も十分にメインのような気がします。しかしだからと言って、これが今日のメインだと言えるものはやっぱり日本料理にはないのです。

そもそも日本料理がそういう仕組みになっていないからです。

私の店では、付き出しに始まって、10品ほどの料理をつないでいく料理が日本料理だと思っています。

同じ日本料理の料理人でも、煮物碗やお刺身がうちのメインです、とか、焼き魚がメインです、という方がいるかもしれませんが、私の中では、いずれの料理に対してもそういった位置づけをしていません。

そもそも西洋料理になぞる必要はないからです。

日本料理の献立は、日本料理の独特の価値観をしめせれば、それでいいのだと思っています。

献立を考える

私の仕事の中で、一番大事で一番頭を抱える仕事は毎月の献立を考えることです。もしかしたら、上質な食材選びをするよりも大変な仕事かもしれません。

付き出しから始まり、最後のデザートまで10品ほどで構成するのですが、どうしたらお客様が喜んでくださるか、いつもその一点に向かって頭から血が出るほど考えています（笑）。

日本料理が日本料理であるために、ただおいしいだけでは駄目で、毎月毎月の行事や節句、その季節に合った器選び、お部屋の掛け軸、花入れや箸置き、お膳など、お料理の献立はもちろん、全てトータルコーディネートで考えなければなりません。

献立作りはある意味、シナリオ作りと一緒です。

少し大げさですが、ドラマや映画、小説や音楽を作るのと似ているのではないかと思っています。

例えば、小説やドラマでも、最初に殺人事件が起きて犯人を探し当てていく流れや、途中で殺人事件が起きて犯人を追跡する流れ、最後に殺人事件が起こり犯人の動機を知る流れなど、シナリオは、様々な意図があって作られています（笑）。


日本料理の献立は殺人事件とは大きくかけ離れていますが、音楽に喩えるならば、どこかは静かで優しいクラシックのように流れ、どこかは強く激しいロックのように攻め立てるような山あり谷ありの物語を作るべきではないかなと思っています。


その中でも、特に気を遣うのは最初に出す料理です。

つまり、物語のスタート時点での料理です。

最初にお出しする料理は、お客様の想像を超えたものにするのか、逆に意表を突いた素朴な料理からスタートするのか、その時の私の考えるシナリオ一つで大きく変わります。

具体的には、最初に節句や行事をイメージしたきれいな八寸盛りからスタートする時もあれば、素朴なお浸しや和え物、寒い季節などは二口程度で終わるような温かい野菜のすり流しからスタートすることもあります。

もちろん、二品目以降も気を抜いているわけではありません。煮物碗やお造り、焼いたもの、蒸したもの、揚げたもの、炊いたもの、お食事、デザートに至るまで、魚や野菜やお肉などをふんだんに使い、何回も何回も、食材と料理とお客様の顔を思い浮かべながら考え抜きます。

銀座でオープンして18年が経ちますが、毎月1回1年にして12カ月、18年間、通い続けてくださるお客様が、ありがたいことに何組もいらっしゃいます。

そういったお客様の期待に少しでも応えられるように、毎月、ない知恵を振り絞っています。

料理人にはいろいろなタイプがいると思いますが、大きく分けて、新しい料理がひらめきから生まれるタイプと、考えに考えて、やっと絞り出てくるタイプとに分かれると思います。

私は後者の絞り出すタイプです。

ですから、いつも苦しい毎日を送っています。

とはいえ、本来、料理は苦しみから生み出すものではなく、楽しさから生み出されるべきものであって、そうしないとお客様には楽しさとおいしさは伝わらないのではないかとも考えています。

いつも切羽詰まると、お酒を飲んだり音楽を聴いたりして気分を楽しい状態に変えて料理を考えるようにしています。

私が献立を考える中でもっとも大切にしているのは季節感とおいしさです。この2つは日本料理を作るうえで外せない大事な要素です。

そして、どこか料理がお客様の想像を超えたものでないといけないとも思っています。お客様が実際、どのように感じているのかは別として（笑）、自分自身には毎月高いハードルを置いているのです。

お昼は、お料理だけで2万5000円、夜も3万3000円という、高額な料金設定に求められるものは、そういうことだと思います。

1日24時間、365日、ずっと料理のことだけを考えて過ごしているのです。

料理はその手間がおいしさにつながっている

おいしい物というのは手間がかかります。

フランス料理のソースなどは、特に手間のかかるものです。肉や魚からブイヨンを取ったり野菜をみじん切りにしたり、さらに香草やバターを足して煮込みます。何日も何日も、煮込んで完成されるソースもあります。

ですので、フランス料理は、そのようなソースを使って世界中の食材をおいしくすることができています。

中華料理も意外としかりで、豆板醤や甜麺醤といったたくさんの調味料を使って、世界中の食材をおしいく仕立てています。

一方でスペイン料理やイタリア料理など、新鮮な魚介類が獲れるところの料理は、素材を重視しており、ソースや調味料より、素材の味をいかしたシンプルな料理が受け継がれ発展してきました。

そう考えると日本料理は新鮮な食材をシンプルに料理することと、手間がかかるものが融合されている料理かもしれません。

お寿司や天ぷら、蕎麦、焼き鳥などは、見た目には、ものすごくシンプルです。これは素材のよさや鮮度のよさを優先し、味付けをあまり複合的なものにしないという点でも極めてシンプルな料理といえます。

ただ、お寿司などは、いわゆるひと手間かけて、魚を寝かしたり、酢でしめたり、漬けにしたりしています。

天ぷらも、同様です。きめ細かい下処理や衣や油の温度など、手間をかけていますし、お蕎麦や焼き鳥も同様で、いずれの料理も見た目にはわかりにくいところにまで、きめ細かい手間がかかっているのです。

私のやっている日本料理も同じです。

魚の下処理などはもちろんですが、例えば小芋の煮物一つをとっても、まずは薄刃包丁で六方にむき、米のとぎ汁で下茹でをし、鰹節のきいただしで、薄味で丁寧に味つけをしています。

たけのこや蕨などは特に大変ですが、みなさんの日常にも身近な大根や蕪《かぶ》などに至るまで、私の店では見た目にはわかりづらい手間ひまがたくさんかかっています。

そして日本料理に限らず、こういった手間ひまが世界中の料理をおいしくしているのです。

さらに料理は愛情が味に大きく左右するものです。

お客様のためにとか、子どものためにとか、誰かのためにという想いが加わると、味に大きな変化が出てきます。

それは家庭でもお店でも同じです。

ですから、同じ料理でも作業として作っていると全く味気なかったりします。料理は精神的なことが大きく関係してくるのです。

もちろんこういったことは科学では証明されていませんが、歴代の偉大な料理人たちも「料理を作るのに大事なことは何ですか」と問われると、必ずといっていいほど「愛情だ」と答えていました。

私も30年以上、料理に関わっておりますが、やっぱり愛情だと思います。そして丁寧に作ることも大事です。


ただ時代は、効率のよさばかりをよしとする傾向が多く、手間ひまのかかるものが悪と捉えられがちです。

例えばごま豆腐を一から手作りすると、まずごまをするのに30分かかります。そこで面倒くさいからと、ごま豆腐を3分でつくることができる機械ができたとします。同じ食感、同じ味のものができたとして「どちらがおいしいですか」、と聞かれて、たぶんまともな人だったら、どちらがおいしいか、わかると思います。

そこに科学的な根拠はないのかもしれませんけれど、愛情たっぷり、時間をかけて丁寧に作られたごま豆腐の方が数段おいしく感じるのではないでしょうか？

現代は、家庭用にも便利な市販のお総菜やレトルト商品がたくさんありますが、手間をかけた愛情たっぷりの料理に勝るものはないと思います。

料理には、人の心を動かす不思議な力があります。

それは料理人が作る料理でも同じことです。だからこそ、私たちプロの料理人はいつの時代でも、手間ひまを惜しまず、おいしい料理を作り続けていかなければならないと思っています。

日本料理がなくなる?

私が今、一番危機感を覚えているのは、そう遠くない時期に日本料理がなくなってしまうのではないかということです。もちろん、ゼロになることはないと思いますが、かなり少なくなるのではないかと、そして、クオリティも下がっていくのではないかと思います。

お寿司は海外でも人気があるので、もしかしたら発展する可能性があるかもしれませんが、天ぷら、蕎麦、うどん、和菓子などは後継者も少なく、和食も含めて人気のないものになっています。

近年、日本の料理業界では日本料理とフランス料理、イタリア料理、中華料理が全部並列にされています。さらに言うと、フランス料理とイタリア料理、洋菓子のパティシエに人気があり、料理の専門誌や女性誌なども日本料理や寿司、天ぷら、蕎麦、和菓子が表紙を飾ることはなく、テレビのドラマではフランス料理で三つ星を狙うストーリーが高視聴率を得ています。なぜこれが日本料理や寿司、天ぷらではなかったのかが残念に思えてなりません。

日本の調理師学校では、フランス料理、イタリア料理の西洋料理を専攻する生徒が8割、9割を占め、日本料理と中華料理が残りの1割、2割というのが現状です。

それとは別に、西洋菓子のパティシエを志望する生徒は数えきれないほどたくさんいます。

2013年、和食がユネスコ無形文化遺産になったことと、あとは海外からの日本料理を学びたいという留学生が増えたことで、比率は少し増えてきたそうですが、まだだ日本料理に人気があるとは言えません。

日本の調理師学校の仕組みを変えなければ今後の日本料理、寿司、天ぷら、蕎麦、うどん、和菓子をやりたいという、若い料理人はいなくなり、未来は危機的状況にあると思います。

そんな最中、5年前に寿司と和食だけに特化した調理師学校が開校されるということで、顧問をやりませんか？　とのお声がけをいただき、現在は調理師学校にも足を運んでいます。

開校当時、寿司と和食だけの調理師学校ができたということで、たくさんのメディアから、なぜ寿司と和食だけなのかとインタビューを受けました。

日本の調理師学校で寿司と和食だけを教えることが、なぜこんなに話題になるのか？　逆に日本の調理師学校はなぜ西洋料理ばかりを伝えなければならないのか、私は理解に苦しみます。

同じく、5年ほど前から和食給食応援団という学校給食の和食化を目指す団体にも参加して活動を行っています。

学校給食の現状はいろいろ複雑な問題はありますが、１週間のうち、５日間の給食でご飯が出るのが２～３日、あとはパン食でご飯の日のおかずは全てが和食ではなく、中華の日も多く、パン食の日はもちろん洋食の献立になっています。

和食のおかずを作ると生徒の多くは見たことのないものが多く、残食が一番多いのが和食の現状だそうです。

献立を考える栄養士さんも、今日が和食であれば次の日は中華か洋食と、そこに何も悪気はありません。トータルで見れば、１カ月間、とてもバラエティに富んだ献立にはなっています。

家庭でも子どもたちは和食を食べる機会が少なく、朝はパンでスタートして、昼は給食で洋食を食べ、夜はパスタで締める。一日を通して当たり前のように和食と触れ合うことがなく終わる。

もしかしたら我が家でもそんな日常が当たり前のように起こっているのかもしれませんが、夫婦が共働きになり仕事に追われる時間が増え、どうしても食事を作る時間、食べる時間にしわ寄せがきています。

最近では、大手食品メーカーからたくさんの便利な洋食や中華の冷凍食品やレトルト食品が発売されていて、かなりレベルも高くなっています。

時間短縮になりバリエーションも豊富でクオリティも高く、文句の付け所がありません。

和食はというと、特に家庭では大変で時間がかかり、面倒くさいものになってしまっています。確かに、そういった要素もありますが、気軽にできて、おいしい和食もまだまだたくさんあるのです。

日本人が和食を必要としない日常があるのであれば、こんな悲しい現状は私には耐えられません。もっともっと身近に和食の素晴らしさを伝えていかなければいけないと思っております。

日本文化は日本人が守る

日本料理がなくなっていくということは、それに付随した日本の伝統文化、産業も一緒に衰退していくことになります。

調理師学校で日本料理を専攻する学生が少ないということは、寿司や天ぷら、蕎麦、うどんも含めて、日本料理店の数も少なくなっていくということです。

そうすると、和食器の需要も少なくなり、輪島塗のようなお椀や塗り物、和包丁、着物、のれんの染付、和室の畳、日本建築に至るまでも発展性のないものになっていきます。せっかく親の後を継いで陶芸家や蒔絵師などになっても将来の明るい希望が見えないのが現実ではないでしょうか。

その代わりに海外から日本に入ってくるものは新しい産業となりビジネスチャンスもたくさんあります。これまでを振り返ってみると、ワインやチーズなどの輸入食材、洋食器やガラス製品、もちろん洋服に至るまで、日本人は海外のものばかりに憧れる傾向があったような気がします。

そんな状況の中、私がいつも考えているのは日本の料理業界が日本料理（ここには寿司、天ぷら、蕎麦、うどん、焼き鳥、和菓子など全て含みます）ばかりをしていたらどうなるだろうか？　ということです。

今よりもたくさんの日本料理店がオープンし競い合い、レベルも上がり、お客様も取り合うことになるでしょう。

そうすると次は自然に海外に目が向けられ、世界中のお客様を求めてたくさんのレベルの高い和食、寿司、天ぷら、蕎麦、うどん、焼き鳥、和菓子店などが世界に飛び立つことでしょう。

たくさんの和食器も必要になり、お椀の塗や、和包丁、着物、のれんの染付、日本建築などなど、日本の伝統文化、産業が多くの需要を受けて、発展していくのだと思っています。


私自身は決して海外の料理、文化が嫌いなわけではなく、この素晴らしい日本料理と日本の伝統文化、産業が衰退していく姿を見ていて心が痛むだけなのです。

土だけで焼き締めされた備前焼や信楽焼、綺麗なデザインの織部焼、繊細な絵付けの京焼や九谷焼、四季折々の絵柄の美しい蒔絵、世界一の切れ味の和包丁、日本の総合芸術の日本建築……。


この国には世界に誇るべき素晴らしい文化、芸術が身近にあるのに、我々日本人の多くは、その存在にすら気づいていないようです。

もっと日本の伝統文化、産業を世界に出して発展的に考えることができないのかと日々考えています。

もう少し学校教育の中にも、日本の伝統文化を含む日本のことを学ぶ時間があってもいいのではないでしょうか？　日本の素晴らしさを大人が子どもに伝える機会があまりにも少なすぎます。

日本の子どもたちは、日本に生まれたのに、日本のよさを知るような教育を受けていないということが、そもそも教育としておかしいことだと思いますし、とても嘆かわしいことです。

「いただきます」に込められた思い

日本料理を食べるうえで大切にしたい事は、「お箸で食べる」ということです。

世界中の多くの国では何かしらの道具を使って料理を食べていますが、皆様もご存じのようにインドでは手で直接料理を食べます。日本でもお寿司だけは昔から手で食べています。もしかしたら手で食べる方が、直接何かを感じ取れるものが多いのかもしれません。
欧米ではナイフ、フォーク、スプーンで食べることが多く、器を手に取ってかきこんだり、飲み干したりすることはありません。アジア圏はほとんどが日本と同じようにお箸で料理を食べます。

私の知っている範囲ではありますが、箸を使う国で、箸を横に置くのは日本だけだと思います。合理性から考えたら、中国や韓国のように箸を縦に置いた方が取りやすく邪魔にならないのではないでしょうか。
なぜ日本では箸を横に置くのかというと、食べるものと食べられるものとの結界を作るためだと言われています。箸を横に置くことによって、食べるものが食べられるものに対して手を合わせ、「命をいただきます」と、きちんと感謝の思いを込めて、食事が始まります。

たくさんの命をいただきますので、残さず食べることが一番大事で、華美過食にならず、きれいに食することが食材の命に対しての礼儀だと思います。

食事が終わったら再度手を合わせますが、私の出身地、静岡市では「いただきました」と礼を込めます。ただ全国的には、「ごちそうさまでした」と言うのが一般的な食事の終わりの挨拶になっています。

これには、料理を作る方への感謝の気持ちも含まれています。

この食事の前後に手を合わせて「いただきます」、「ごちそうさま」という教育は2021年の今でも家庭や学校に残っている素晴らしい教えだと思っています。親が子どもたちに残さず感謝して食べなさいという食育は、永遠に残していただきたいものです。

ただ最近気になる事は日本人がお米をだんだんと食べなくなり、お米教育がなくなっていることです。

パン食や洋食のたくさんの普及により食事スタイルも大きく変わっているのと、ダイエットの一つでお米や炭水化物を極端に摂らなくなることにより、お米の価値や尊さが低くなってきた気がします。

私の子どもの頃はまだお米を作ってくれる農家さんに感謝をし、お米を残すとバチが当たるとか、粗末にするものではないと厳しく言われた時代でした。

私の父親の世代などは終戦を迎えたのが小学生で、やっぱり米が食べられなかったとよく言っていました。麦飯が出る時はまだいい時で、芋の蔓と一生分のかぼちゃを食べたとよく聞かされました。


そもそも日本の行事や節句やお祭りもお米が無事に収穫できますようにという願いの中から神々に祈りを捧げたことから始まったものが多く、日本人にとってお米というのはかけがえのない命の源だと思います。

現代は食べるものが余るほどあり、おいしい食べ物がいつでも手に入る時代になりました。

80年前お米一つ食べられずに空腹に苦しむ日本人が多くいた中、食品廃棄率世界第2位であるこの国の食料事情は、今一度考えなくてはならない大きな問題だと思います。

日本料理のマナーとは

日本料理のマナーは難しいと思われがちですが、私も含めて日本料理の店を運営しているものからすると、あまり難しく考えず、食事というものを楽しんでいただくことが第一だと思っています。

そもそも、日本人が日本料理を食べるわけですから日常の家庭での食事と特別変わるものはないと思っております。

ただこれが会社の接待やお偉い方との会食となりますと、多少気を遣わなければいけないことがあるかもしれません。その時、問われることは難しい作法よりも日常の常識的なことの方が多いような気がします。

近年、マナーや作法の本がよく売れると聞きます。

私も含め日本人自体が日本食のマナーや作法について知っているようで知らないことが多いからだと思います。

私は仕事上マナーや作法を勉強しなければならない立場にいますが、学べば学ぶほど、知れば知るほど、面白くなります。

例えば、お正月のお屠蘇などは年齢の若い方から順番に盃に注がれます。これは、若い者の活気や英気に年長者があやかるためとも言われています。

私が最近気になるのは、床の間のある和室で女性が上座に座ることが多いということです。西洋のマナーはレディーファーストですので、女性が奥の席に座り男性がエスコートするのが当たり前ではありますが、日本ではそうではありません。これは決して男尊女卑から来ているものではなく、歴史的な背景から来ているものです。つまり、日本では、お殿様や侍が長く権力を握っていたため、床の間を背に上座には男性が座るのが当たり前のマナーになったのです。

最近の若い方たちの外食は日本料理ではなくイタリアンやフレンチの西洋料理のレストランからスタートすることも多いようで、マナーも西洋スタイルから覚えるのだと思います。

個人的には男性が先、女性が先ですとか、右が先、左が先ですとか、ややこしいことはどちらでもいいと思っていますが、全くマナーも作法もない食事というのは歴史や文化や伝統が軽視されているような気がして深みがありません。

なぜ、このようなマナーや作法が生まれたのかという歴史や文化を知ることも、食事を楽しむために必要ではないでしょうか。

特に私たちは日本という国に生まれています。

自分たちの国の食事のマナー、作法を知ることは、自国を理解することの一助になりますし、それがひいてはこの国の未来を考えていくことになる。それは日本人として大切なことではないでしょうか。

第2章

「調理法」から見る日本料理

料理は自然が一番

この章では私の店でお出ししている食材についてお話ししようと思いますが、私が大切にしているのは、「料理は自然が一番」ということです。

そもそも、人間は動物です。生身の「生き物」であるというのが、原点なのだと思います。私たち人間は、機械やロボットと違って、何かを食べたり飲んだりしなければ、生きていけません。そして、生きていくためには、身体にとって安全なものと、危険なものは何か、察知しないといけません。

私は、生身の人間は、何か人工的なものが多いと違和感を覚えたり、拒否するようになっているのではないかと思います。例えば、身近に買えるお弁当やスナック菓子の中には、食べている時はおいしく感じても、食べ終わったあとに胸焼けをしたり、のどが渇いたりします。これは、どこか不自然なことが身体の中で起こっているからだと思うのです。なぜなら、こういった食べ物の多くには、身体に負荷のかかる添加物や化学調味料などが含まれているからです。

それに対して、使われる素材や調味料、食材の調理法が、よりシンプルに自然に近い形であればあるほど、人間の身体は自然に吸収することができ、それが喜びにも変わるのではないでしょうか。

いい食材は、生命力が強く、すごさがあります。

魚や肉などはもちろん、茄子やトマトといった野菜も同じです。新鮮な野菜は色ツヤもよくパリッとしていて、見るからにおいしそうです。しかし、それをそのまま1週間、10日間と放置していれば、水分がどんどん抜けてしなびて、見た目にもおいしそうとは言えない状態になってしまいます。

もし目の前に、新鮮でみずみずしい野菜があれば、「肉と一緒に3時間煮込もう」という発想は浮かびません。包丁でスッと切って、塩をパラパラと振って食べたくなります。人間の動物としての本能に従えば、より調理法がシンプルになっていくのが自然なのだと思います。

しかし、私の仕事は料理人です。

お店にわざわざいらしていただくお客様に切って塩を振っただけのトマトをお出しするわけにはいきません。

もちろん素材でも勝負はしますが、全部、「切りました」「ただ焼きました」というのは違います。畑から採れたてのトマトを生でかじり、川で釣った魚をその場で塩焼きにして食べるのは最高の贅沢ではありますが、一方で、料理人が創意工夫をこらして調理をし、素材の味を引き出し、素材そのものの味を上回るような料理を味わうというのも、人間の楽しみの一つではないでしょうか？

食材を組み合わせて巻いてみたり、和えてみたり、何日間か煮込んだりしたものも、料理としての価値があります。

日本料理には、切る・焼く・煮るといった調理法があり、これからそれぞれの調理法についてお話ししていきたいと思いますが、料理をする時には、素材そのものの味を壊さず、さらにおいしさを最大限に引き出すことが大切であると考えています。

切る～和包丁は日本独特

日本料理の調理法の基本は、何といっても「切る」ことです。

「割烹《かっぽう》料理」という言葉がありますが、この言葉の語源は、「割主烹従《かっしゅほうじゅう》」料理です。「割《かつ》」は割る、つまり切るということです。「烹《ほう》」は煮る、火を通すということです。つまり切るが「主」で、煮るが「従」う、まずは切ってから火を入れるということです。そしてそのような料理を割烹料理、出す店を割烹料理店と言われるようになったのです。


ですから、日本料理では、「切る」という調理法をとても大切にしています。なぜなら、切り方によって味が変わるからです。

まず、そもそも切る大きさによって味が変わります。また、大きさといっても実に様々なバリエーションがあります。

ちょっと思いつくままに並べても、大きい・小さい、厚い・薄い、長い・短い、というのがあります。そして、雑に切ると、味がどんどん抜けていったり、仕上がりがどんどん崩れていったりするので、切れる包丁で、作る料理にあった寸法できちんと切ることが大切です。

そうすると味が食材の中に収まり、食べた時に口の中で味が膨らんだり広がったりと、作る側の意図した料理がダイレクトにお客様に伝わるのです。


料理で、切れ味や切り口にこだわるのは、世界で日本料理ぐらいではないでしょうか。なぜなら、これは道具である包丁を見れば分かることです。

西洋料理で使う包丁は、両刃包丁といって、両面に刃がついています。しかし、日本料理で使う包丁は、片刃包丁といって、片方だけにしか刃がついていません。

両刃包丁は、食材に均等に力が加わるので、誰でも切りやすく、日本でも家庭用包丁に使われていますが、日本で普及したのは昭和以降です。


片刃包丁は慣れないとうまく扱えませんが、魚を切ったり、かつらむきをしたり、食材を薄く切ったりするのに向いています。なによりも片刃包丁の方が、刃が片側にしかついていないため、切る時の力が食材にスムーズにかかりやすく、切り口が美しいのです。

また、日本の包丁と海外の刃物で、大きな違いは材質です。日本の包丁は鋼製ですが、海外の包丁はほとんどがステンレス製です。

鋼とステンレスでは、切れ味が全然違います。今は、ダイヤモンドに近いような素材のステンレスも出てきて、料理人の中にも「さびにくく、切れ味もよい」と言っている人もいますが、私はやはり鋼製の包丁に勝るものはないと思っています。

確かに、ステンレスは便利で、手入れも楽です。しかし、切れる、切れないの話で言えば、本当にいい職人さんの打った鋼の包丁は、包丁を食材に入れた時の感触が、全然違います。そして、この違いを知るにも多くの経験が必要となるのです。

さらに包丁を切れ味のいい状態にしておくには、常にきちんと研いで整えておかなくてはなりません。不思議なことに、料理人にとって切る技量と研ぐ技量は同じで、「切るのが上手だけど、研ぐのが下手」という人はほとんどいませんし、またその逆もしかりなのです。

そして、包丁さばきが上手な人が切った刺身は、きりっとした存在感があり、色ツヤもよく、見るからにおいしそうなたたずまいをしています。

しかし経験の少ない人が切った刺身は、身が沈んでいて勢いが感じられません。味も見た目に連動しています。

他にも、機械で作られた大根のツマと薄刃包丁できれいに薄くむかれた大根のツマでは、味に大きく違いがあるのを感じたことがある人も多いのではないでしょうか？

このように、「切る」といっても、奥深いものがあるのです。ただ単に切ればいいというわけではありません。切る技術と味は大きく関係しているのです。

切る〜「包丁の切れる人」は褒め言葉

料理人として修業をしていた30年前の22歳の時、私は自分の人生を変える本に出会いました。それが、徳島県の「青柳」という日本料理店の御主人である三代目店主小山裕久さんが書いた『味の風』という本です。

そこには、「切って味が変わる」と書かれていました。

そもそも、昭和の板前さんたちは、「この切れ味がどう」とか「こう切るとこうなる」

というように、切ることに対して、ものすごくこだわりがありました。そして、自分でも、「俺の方が切れる職人だ」と言ったり、料理ができる人を「あの人は包丁の切れる人だからね」と言い、それが、一番の褒め言葉でした。

包丁で切るということを、料理の腕の尺度としていたぐらい、切ることを大事にしていたのです。

そして青柳の御主人の本にも、「切って味が変わる」という記述があり、私はこの言葉にものすごく惹かれました。

30年前といえば、ちょうど日本料理界にも西洋の食材が入ってきた頃です。日本料理でも、例えば加工したフォアグラや輸入もののスモークサーモンをちょっと取り入れたりするようになってきていました。

そして、板前さんたちも「いつまでも包丁の切れ味などにこだわっていたら日本料理は進歩しない。いろいろな工夫をして、新しい料理を作っていかなければ海外の料理に負ける。海外の人も理解できるようなモダンな物を作らなくてはいけない」などと言い出しました。これがいわゆる、モダン和食の始まりです。

そんな時代の流れの中で、青柳の御主人だけが「切って味が変わる」と、切ることの大切さを書かれていました。

実際、肉にしても野菜にしても、繊維に沿って切るか、繊維を断ちきるように切るかで、食感の違いも、味のしみこみ方も異なります。

しかし、青柳の御主人がこだわっているのは、そんなレベルの話ではなく、細胞と細胞の切れ目にまでこだわる、ということなのでした。私は、この極意を理解できれば、自分の料理も切ることで味が変わる、より高いところを目指せるのではないかと思い、その後青柳の御主人のもとで勉強がしたいと門を叩き、なんとかお許しをいただいたのです。

青柳の御主人は、魚をおいしいお造りにするには、まずは当たり前ですが食材が大事だと仰っていました。

どういう魚を選ぶか。そして、どういう下処理をして、どういう状態にするか、そもそもの食材がよくなければ、おいしい造りにはならないと言います。

そして、魚がいい状態になったら、次は「切れる包丁」が大事だとも。

世の中に包丁はいくらでもありますが、本当に切れる包丁でなければ味は表現できないと言うのです。まず、その包丁自体が、目指す料理の味にふさわしいだけのグレードなのか。そして、その包丁はきちんと研がれていることも重要でした。

最高の状態の素材、次に切れる包丁、最後に必要なのは「切る技術」となります。技術が追いついていなければ、どんなに切れる包丁を使っても切れません。

持ち方、構え方、そして向こうから手前に引っ張って切るのにも、極意があり、ただ「こうすれば切れる」というわけではありません。

では、その「極意」とは何かというと、青柳の御主人の教えを私が理解するには「目で切り、包丁で切り、技術で切る」ということです。

造りを切るには、まず包丁を魚に当ててから切るのではなく、包丁は魚に当たる前から既に助走を付けて走っていなければいけなく、よって包丁が魚を切る前に目で魚を切っていなければいけません。

そして、切れる包丁で魚を切り、同時に自分の思う形に切る技術が必要だということです。これが大きく味に関係します。

魚をまな板に置き、柳刃包丁で向こう側から手前に引くだけの単純な作業ですが、魚の繊維を感じながら細胞を壊さないように包丁を引く。

お造りという料理は、私にとって最も神経を集中させる究極の料理です。

話は少し変わりますが、日本料理を海外の料理と比べた場合、おそらく日本料理の職人と西洋料理の職人とでは目指すところも大きく違うのだと思います。

西洋料理の多くは「切る」ことに対しても、合理性の方が先で、昔は魚などもキッチンバサミで捌いていました。

西洋料理でこだわらなければいけないのは、肉の火入れやおいしいソース作りといったことで、料理が違えば、こだわるところも大きく違うということです。

ちなみに、30年前は「いつまでも切れ味などと言っていたら日本料理は進歩しない」という風潮でしたが、最近は、外国人のシェフが日本の寿司や和食店のカウンターで職人さんの包丁さばきを見て、「すごい」と言うのです。

日本でお土産に和包丁を買っていくシェフも多いと聞きます。世界中の料理が、切れる和包丁を使って「切る」ということにこだわり始めたら今よりももっと発展していくのだと思います。

私は「切って味が変わる」、このことを永遠に追求していきたいと思います。

切る～精神性が求められる

和包丁の世界は、やはり武士、侍が持っていた刀から来ているような気がします。武士の時代、彼らは刀を長いものから短いものまで複数所持し、それらを使い分けていたといいます。文献にはあまり残っていませんが、メンテナンスも含め、当時の人たちは刀に対しての思いが強かったのではないかと思います。

その延長線上に日本の包丁があり、刀をイメージして作ったことは間違いないと思っています。

ですから包丁は、刀と同じように精神性が強いものなのです。鍛冶職人さんが鋼を熱いうちに打って、包丁に仕立てます。私はその過程で、鍛冶職人さんの思いが念となって包丁にすごく入ると思っています。

それは何でもそうですが、例えば家を建てるにしても、壁にしても畳にしても、物作りというものは人の手が加わることで、そこに、作り手の気持ちが入るものではないでしょうか。

名工が手がけた包丁は、見ただけでも圧倒されますが、手に取ると、さらにそのすごさが伝わってきます。

そして、その包丁を私が持つと、今度は私の念も入ります。そういう意味では、包丁はかなり精神的なものが強い道具になります。

実際、私は人の包丁を持つと、すごく違和感を抱きます。特に切る時にはより強く他人の念のようなものを感じます。おそらく料理人に限らず、大工さんや床屋さんなど、かんなやハサミを使う仕事で、道具を扱う人は同じような感覚を持っているのではないでしょうか。

我々料理人は、包丁を見ただけでその人の仕事の技量を、一瞬ではかれるような気がします。包丁自体を丁寧に大切に扱っている人と、切るだけの道具という認識で雑に扱っている人では、できあがってくる料理にも人間性がでてきます。

また、包丁の研いだあとを見れば、切る技量はもちろん、その人の性格もわかります。研ぎ方の丁寧さや仕上がりにはその人の性格が反映されるのです。つまり道具は職人の技量や人間性を表すバロメーターと言えるでしょう。

お店によっては、自分だけの包丁を持たず、店内で包丁を共有するというところもありますが、やはり包丁は自分のものが一番手になじみ、大切に扱うべきものです。自分の包丁でないという意識があると、どこか雑に扱ったり、研ぐにしても気持ちが入りません。

そして包丁を持っても、感情がグッとのらないのです。

私は、包丁を研ぐことは、料理における精神性の極みであるとも考えているので、特殊な包丁以外は、人には絶対に研がせません。もちろん日頃から人にも触らせません。包丁は料理人にとって一番大事な道具なのです。

さらに、包丁は、命あるものを切っています。もちろんお刺身にするさくに命があるわけではありませんが、細胞はまだ生きていますから、そういった切られる側の念のようなものも、包丁を伝って感じるものです。

これは科学で立証できるものではありませんが、どういう人が包丁を打ったか、誰が包丁を握るのか、包丁を使う人間がどういうふうに手入れをしているのか、その全てが料理の味に結びつくと考えています。

切る～修業で一人前になるには

うちの店に若い料理人が入ってくると、最初に教えるのは包丁の持ち方、構え方、切り方です。

例えば魚屋さんで余ったかつおを「賄いにしてよ」と安く仕入れた時などは、若い人にお刺身を切らせます。しかし、2~3年目ぐらいの料理人でも、全然ダメです。技術を習得するには、もちろん数をこなすということも大事ですが、一方で、何も分かっていない料理人がただ数をこなしてもやっぱり一緒なのです。

例えば忙しくなると、まな板が真っ直ぐ整っていない状態で切る若い料理人がいますが、曲がった半紙で字を書く人がいないように、そこはまな板を真っ直ぐ置いてから切るようにと注意をします。

また、西洋料理で使う両刃包丁を使う際には、手首を使って、滑らかにリズムよく刻みますが、日本料理で使う片刃包丁は、押すか引くかしないと切れません。長くて重い包丁を、手首を使わず固定して、きちんとしたフォームで切らないと切れないのです。

変な話、映画やドラマでお侍さんが人を切る時に、手首ではなく刀をザーッと引くように、食材を切る時も、食材の上を走らせるイメージが必要なのです。

包丁は腕の延長線上であり、手は包丁を支えるためだけのもので、「腕」を動かして切るのです。ですから、構えも大切になります。

「切る」という意味で、一番難しい素材は、やはり刺身です。お造りや生の魚を切る技術が一番難しいのです。

煮炊きは自分で味を付けるので、自分の世界観でできますが、切るだけの刺身は切ったそのままの状態が味に大きく反映しますので、ごまかしがききません。

中でも、白身の魚は変幻自在で、鯛のような薄造りもあれば、厚く切るものもあり、特に切る人の力量が出ます。いい材料、切れる包丁、切る技術、全て揃わないと、おいしい刺身は作れません。

どんなにいい包丁があっても、技術がないと扱えませんし、料理を始めて1カ月の料理人にいい包丁を渡しても、その包丁の何がいいのかは、全く理解できないはずです。

それはバイオリンやギターのような楽器、ゴルフクラブや釣竿など全ての道具に通じて言えることでしょう。

うちの店では、魚を切ったり野菜を切ったり、ある程度包丁使いができるようになるまで、早くても3年、大体4年かかります。そして、ようやく刺身を任せます。

最近は世の中が何でも合理的になり、長く時間をかけて一つのことに取り組むことが無駄だというような考えがあり「修業は要らない。早くやらせた方がいい」という意見もあります。

しかし、それでは何となく見た目には形になっていても、本当においしい物は作れないのです。何でもそうですが、20年、30年、50年と仕事をしていくのであれば、遠回りにみえても段階を経てじっくり進んだ方が、最終的には大成し、人に教える時も説得力があります。

もちろん、中には持って生まれた才能もあり1年目2年目からレギュラーを取るような器用な若い人もいます。

しかし、センスがある人は、だんだんと人の話を聞かなくなったり、褒められても何がよくて褒められているのか分からなかったりして、3年後4年後に大きくつまずくことが多いのです。意外と不器用な若い人の方が、真面目に何度も取り組むので、結果としてちゃんとした仕事ができるようになるのです。

私自身、今でも手先が不器用なので物作りには向いていないと思っています。現在活躍している料理人の中にも、不器用な方は意外と多く、そういう方々の方が日々真面目に料理と向き合っている事が多いのではないでしょうか。

焼く～炭火のよさ

「焼く」と一口に言っても、炭火、電気、ガス、フライパン、オーブンと、いろいろな調理器具がありますが、当店でお出ししている「焼き物」は全て炭火で焼いています。

西洋料理の「焼く」技法の多くは、フライパンを使う料理になります。
フライパン料理の定義は、食材を入れる前に油を引くことです。今でこそ、フッ素樹脂加工のフライパンなどがあり、油の量を少なくしたり、油を引かずに料理をすることもありますが、基本的には油を引かないことにはスタートしません。

バターでもオリーブオイルでも何でもいいのですが、必ず最初に油を引きます。それから、魚や肉や野菜といった食材を入れて焼くのです。これは、最初に油を入れることで熱伝導を良くし、おいしく仕上げるためです。

日本料理の焼き物では、フライパンを使うものは極端に少なく、直接火にかける「直火焼」です。ですので、油を加えることがありません。食材そのものの脂やゼラチン質を利用し、味つけも素材の味を重視したものになります。

単純に見える料理法ですが、実はシンプルが故に難しい料理です。

では、炭火で焼くのと、他の調理器具で焼くのとでは何が一番違うのかというと、それは「香り」です。

世界中の料理の中には、香草や桜のチップなどを使っていろいろな香り付けをする料理がありますが、炭火焼きの香りは、香りがそもそも違います。

香草や桜のチップなどで付ける香りは、その食材に対して外から違う香りを付けるものですが、炭火焼きは食材の脂が炭に落ち、それが食材に移ることによって自然な香り付けが始まります。

この香りが何にも代えがたい調味料なのです。

例えば、甘鯛、のどぐろ、キンキ、うなぎ、鮎、どんな魚にも言えることですが、炭火で焼くとその食材の脂が落ち、独自の香りをまとい、自然で香ばしい焼き物に仕上がります。牛肉、鶏肉、豚肉でも同じ事がいえるでしょう。

次に、炭火焼きのいいところは遠赤外線です。

遠赤外線の効果で、皮目はパリパリに焼け、中から膨らむように火が通ります。他の電気・ガス・フライパン・オーブンといった調理器具では、焼くと水分が抜けるので、硬くなってぺちゃんこになります。しかし、炭だけは、中から膨らむように焼けるのです。魚もお肉も真ん中で切ると、炭火で焼いたものはふっくら盛り上がっていますが、他のもので焼いたものは、水分が抜けた分だけ硬くなります。

ですから、日本料理は、魚や肉に塩をふって、炭火で焼くだけで香りという味付けが加わり、立派な一品となるのです。フライパンやオーブンを使って火を入れる世界の料理とは、全くプロセスも違います。

炭火で焼く場合は、国産の炭を使うに限ります。

そして、国産でも紀州備長炭がトップブランドです。なぜ紀州備長炭が一番かというと、よい炭の条件は、細くて硬くて長いということなのですが、紀州備長炭が一番その条件をクリアしているからです。

なぜ細くて硬い方がいいかというと、炭は、ギュッと詰まっていることが、高温を長く維持できる要素になります。太い炭の多くには隙間ができています。ですから細くて硬くて、さらに長いということは、長く火力が維持できるということなのです。この要素を占めているのが、紀州備長炭の中でも馬目小丸、馬目樫と呼ばれる木炭です。

紀州備長炭を作っている炭業者さんのほとんどは、紀州南高梅の栽培と兼業をしているそうです。

10年くらい前に和歌山県で大きな台風があり、水害で大打撃を受け、原料になる馬目樫の木自体も減ってしまいました。この災害を機会に炭業者さんの多くは紀州南高梅の栽培を主にするようになり、炭を作る人が激減してしまいました。

近年では炭火ブームの影響で、西洋料理でも炭火を使うお店が増え、需要と供給のバランスが大きく崩れ、備長炭がより希少なものとなりました。

ちなみに当店では一日2万円ほど炭代がかかり、1カ月で約50万、1年で約600万、18年ほど炭火を使っておりますので、恐ろしい金額の炭が煙となって消えていきました。

それでも炭火焼きにこだわるのは、このシンプルで自然な香りがおいしいからです。

これから全ての産業が、人工知能やロボットに取ってかわるなどと言われていますが、私たちが行っているような料理の世界は、最後までアナログとして残ると思っています。そして、その中でも炭火焼きは究極のアナログの調理法です。

温度は何度で、加熱時間は何分などと設定をして料理ができるオーブン料理などとは違って、全てが焼く料理人の感覚でしかできないアナログの炭火焼き料理は、より貴重なものになっていくと思います。

そして、食べ手のお客様もこの自然な香りや食感を味わうということが、食べることで一番おいしいと思う感覚なのではないでしょうか。

魚を焼く

魚を焼くにしても、魚によって、焼き方や火力の使い方が変わります。身の厚い・薄い、脂のある・ない、切り身か一尾で焼くかによっても違ってきます。

炭火で焼く時には、魚の特徴をより理解していないとおいしく焼けません。炭火焼きの良さは、何といっても香りの良さだと思いますので、炭火焼きの良さを一番発揮するのは脂の乗った魚です。

当店では天然の大きなうなぎやのどぐろ、キンキはもちろん、かますや鮎の塩焼きなど季節に応じた魚の香ばしい香りをふんだんに表現したいと思い焼いております。

電気・ガス、フライパンは多少、火加減を調節できますが、例えばオーブンは一定の温度を平均的に入れて、時間を経過することで火を入れる焼き方です。２００℃に設定したら、ずっと２００℃です。ですので、もしかしたら焼き手を選ばない道具かもしれません。

しかし炭火焼きはアナログなので、何もせずにそのままにしておいても火加減が変わります。ですので炭火焼きは、とても手がかかる調理法なのです。

オーブン焼きはスイッチを入れれば、しばらく放っておいても大丈夫ですが、炭火焼きは常に人の手が必要です。いつ脂が落ちるか分からないですし、落ちた脂に火が入れば、ブワッと燃え上がります。

焼いている食材に煤が付くと、その瞬間に、煤の臭いが付いて、味が損なわれてしまいますので細心の注意が必要なのです。

例えば、火を強くするのにも炭を足して強火にするのと、うちわで風を送って強火にするのでは熱量の質が違います。

常に人が側にいて、目を配りいろいろな技で火の調節をしなければいけないのが炭火なのです。

肉を焼く

肉を焼く場合も、理屈は魚を焼く時と一緒です。

肉も魚と同様に、炭火で焼くことで香りを付け、遠赤外線の力で柔らかく仕上げていきます。火加減も弱火と強火のグラデーションを付けます。

厚い肉は途中で何回か休ませて、ゆっくり火を入れていきます。


先にもお話ししましたが、炭火で焼くと、蒸し焼きの状態にすることができるので、中の水分があまり出ないのです。

じつは炭火は、「焼く」だけのように見えますが、まず周りの脂が出て、外側は高温で揚げるような状態になります。次に周囲に焼きが入り、最後は中が蒸されるというように、３段階のグラデーションがつきながら焼けていきます。だからこそ周りはカリッと仕上がり、中はじゅわっとした食感になるのです。

これがフライパンだと、なかなかそうはいきません。

私の店では、焼き場を任せるのは3年目ぐらいからです。

私は、焼き場を任せる職人には、「火を入れた瞬間からあなたの料理ですよ」と言っています。

それは、焼くことが一つの物語のようなものだからです。

一つの食材に、火を入れて料理を完成させるということは、自分が描いた物語を仕上げていくのと同じことだと思っています。

盛り付けなどは、ある意味、誰かが手助けすることもできますし、何かを加えて手直しすることもできます。しかし、焼き物は、そういったことができません。その人の技量、料理に向き合う姿勢、人間性がそのまま出てきます。

焼く時は、焼き場の前に、ずっと付きっきりです。

食材から落ちる脂の一滴も見逃してはいけませんし、火加減の強弱など、自分の「焼く」というストーリーを完結するまで、一時も目を離すことができません。

焼き物も含めて料理の全ては、作り手の技量と思いが形になるものなのです。

串を打つ

魚でも肉でも、炭火で焼く時は、串を打ちます。

串を打って焼くというのは、日本料理の大きな特徴です。そして、フライパンで焼くのではなく、直接火にかける直火焼で焼いていきます。

串の打ち方によって火の通り方が違ってくるのはもちろん、盛り付けた時の見た目、そして味にも大きく関係してきます。ですので、網を置いて食材を載せるバーベキュースタイルとは大きく違います。


串打ちで一番重要なのは食材の重心に均一に打つことです。

肉などは繊維に垂直に打ちます。また、魚を姿で焼く時には「踊り串」と名前がついているように、頭が持ち上がるように、尻尾も立つようにして、魚が躍ってうねっているように串を打ちます。

基本的な打ち方は、お腹を手前にして、背中に向かって串を打つ、ですが、他にも狭い方を手前に置き、広い方に向かって打ったり、低い方から高い方へ向かって打ったり、サンマを1尾焼く時には、魚の頭は必ず左に置き骨の下すれすれで串を打ち、手前は持ちやすいように末広の形になるように打ったりもします。

身の柔らかい魚と硬い魚では串の打ち方や本数も違ってきます。

このように、食材や料理の仕上がりによって様々な串の打ち方を考えなければいけません。昔、うなぎ屋さんでは「串打ち3年、裂き8年、焼き一生」という言葉がありました。

串を打つことを難しく捉えるか、簡単に捉えるかは人それぞれですが、私は日本料理において、串打ちは基本の一つと捉えており、それを若い料理人にもしっかり伝えていきたいと思っています。

揚げる

「揚げる」は、「焼く」と似ています。油の力を借りて、食材をおいしくさせます。

また、何か衣を付けて揚げるのも特徴的です。例えば天ぷら、とんかつ、唐揚げなどが代表的な日本料理の中の「揚げる」料理でしょうか。

天ぷらを揚げる場合は、一つの鍋の中で、油の温度の高低を付けます。火から近いところと火から遠いところでは、油の温度が違うので、それをうまく利用するのです。「焼く」でお話しした理論と一緒で、食材に火を入れる際に、同じ温度で均一に火を通すだけでは、つまらない料理になってしまいます。

「揚げる」も火力の強弱や、どこかで休ませてから、ぐっと強火で二度揚げするなど、グラデーションが必ずあります。強火で攻める部分もないと、味に面白みが出ません。

ですから天ぷら屋さんやとんかつ屋さんでは、温度設定の違う２台の鍋を置いていたりします。

例えば、最初は温度の低い油で、中まで静かに火を通して、最後は温度の高い油で揚げて、周りをカラッとさせたりします。

もちろん、その反対もあります。その場合は、最初に高めの温度で周りに火を入れてから、低い温度で中まで火を通し、最後の仕上げに、再び高温でグッと揚げて油を切ります。

かき揚げなどは、最初に低い温度で形を整え、最後にカラッと高温で揚げます。

料理によって使う油の種類が異なることも、「揚げる」という料理の特徴でしょうか。

揚げ物もおいしさを左右するのは食材の水分です。食材の水分を抜いてどのような料理に仕立てるか、そこで衣と火加減の調節が重要なポイントとなります。

例えば、天ぷらをカラッと揚げるには、衣と油との温度差が大事です。天ぷらに使う粉や卵は冷蔵庫で冷やしておき、冷たい氷水を加えて衣を作ります。

熱い油に対して冷たい衣を入れると、カリッとなります。これを「花が咲く」とも言います。衣を付けた食材を油の中に入れる際には、温度差がある方が、きれいな衣の花が咲きます。

ちなみに、衣の温度が高いと、小麦粉から粘りが出て重たい仕上がりになります。

家庭で天ぷらを揚げる場合は、火力が強くないので、より衣が冷たいと、温度差が出てうまくいきます。

私の店でも様々な揚げ物を献立の中に入れることがあるのですが、さすがに天ぷら専門店のような技量はないと思っています。

日本料理、または懐石料理は総合料理、総合芸術としての良さやすごさはありますが、やっぱり一つのことを極める専門店の技術は認めざるを得ないと思います。

天ぷらや寿司、うなぎ、蕎麦、うどん、焼き鳥、とんかつ、和菓子など一つの料理を極限まで追求する専門店の姿勢には学ぶものも多く、頭が下がります。

特に東京では世界一の和食の専門店も多く、日本人はもちろん、世界中の観光客がトップレベルの食のクオリティを楽しめるのではないでしょうか。

煮る・蒸す

世界中、「煮る」という料理は、どこでもあります。日本料理においては「煮る」という仕事は、特に大事な要素を占めます。

魚を煮たり、肉を煮たり、野菜を炊いたり。煮るというのは、全ての食材に火を通して味をつける重要な仕事です。

例えばフランス料理の調理場の仕組みは、大きく分けると前菜を盛り付けるセクションと魚料理を専門に担当するセクション、肉料理を専門に作るセクションがあり、それらをとりまとめるトップにシェフがいます。

もちろん一番重要な役割を占めるのがこのトップのシェフですが、同じように重要なのがソースを担当するソーシエと呼ばれるシェフのポジションです。

最終的に全ての料理の味を決めるソーシエがそのレストランの味にもつながり、その人の経験と舌の感覚が料理の全てを左右します。

日本料理はといいますと、前菜の盛り付けを担当する者と、焼き物を専門で焼く焼き場担当者、揚げ物を専属でやる揚げ場担当者、お刺身を専門で担当する造り場担当者、最後に全ての食材に火を通して味をつける煮方担当者に分かれます。そのうえに料理長がいる場合もあります。

ですので、全ての味つけを専門でやる煮方担当者は、経験と技量が問われます。フランス料理のソーシエと一緒で、日本料理の煮方担当者は店の味と料理の要です。

私が煮方担当者に求めることは、常に冷静で的確であることです。煮方仕事は決して難しいテクニカルなことを求められる仕事ではありません。

例えばほうれん草を塩ゆでする。本当にそのほうれん草に的確に火を入れているかどうか、それは忙しい時もひまな時も、夏の35℃を超える暑い時も寒い時も同じなのです。

人間は意外とこの単純な作業に対しておろそかになりがちです。これは小芋や蕪の下ゆでをする時も、たけのこを柔らかくゆがく時も、一番だしや二番だしを毎日同じように引く時も全て一緒です。

常に自分自身の中の実直さと向き合う仕事だと思います。

お刺身を切る仕事は、長い柳刃包丁を持って、生の魚を切るというある意味攻撃的な強い料理です。それに対して、煮るという料理は、どこか温かみや優しさを表現する料理だと思います。

自分の中にもっている温かさや優しさを最大限に引き出し、その食材になりきって包み込むように火を入れて味を調える。

そんなイメージで料理を仕立てるのが煮るということです。

丁寧に物事を考えれば考えるほど、丁寧な仕事をすればするほど、料理の見た目や味がきれいに仕上がります。

全ての味をつけるうえで常に舌の状態もクリアにしておかなければなりません。日頃の体調管理はもちろんのこと、飲むもの、食べるものにも気をつけなければいけません。味の濃いものや甘いもの、刺激のあるものを口にするだけでも味覚は変わります。

ですので、うちの店では仕事が終わるまでは飲みものは水かお茶しかのまず、まかないでカレーや刺激の強い香辛料のあるものを食べることはありません。

決して難しくない単純な作業ではありますが、料理人としての技量と経験が問われる仕事です。

和える

和え物も、日本料理独特の料理ではないかなと思います。和え物は、魚や肉、野菜、乾物などを和え衣で和えます。

和え物で代表的なものは、豆腐の白和え、ごま和え、酢味噌和え、のり和え、わさび和え、おかか和えなどです。

和え物は、決して主役をはる派手な料理ではありませんが、日本料理の中では、旬の野菜などを取り入れるものが多く、季節を感じることができる重要な料理です。

地味な料理に感じますが、料理人の技量が問われるのが和え物です。なぜなら、食材同士の組み合わせはもちろん、衣とのバランス、きめ細やかな味や食感、そして献立の中での必要性や役割などが問われるからです。

鮪や鯛の刺身、炭火で焼いた魚や肉などは、献立の中での華やかな料理ですが、和え物のような名脇役があってこそ、バランスのとれた献立が完成するのです。

盛り付ける

盛り付けは、料理において最も重要な最後の仕上げで、盛り付けのセンスによって料理が美しくもおいしそうにも変わります。

この盛り付けのセンスは料理の経験から得るものと、音楽や美術と同じように持って生まれた才能と2つあります。もちろん、持って生まれた才能のある人がたくさんの経験を積めば、よりセンスが磨かれるということです。

日本料理では、基本的な盛り付け方というのは大体決まっています。

例えば大きくくし形に切った蕪と、丸くまとめた鶏のつくねがあるとすれば、向こう側に大きく高さのある蕪を盛り付け、手前側に小さく丸い鶏のつくねを盛り付けます。これが、向こう側が高く、手前側が低くという盛り付けの基本の一例です。

それ以外にも、姿の魚は頭を左側に置くですとか、切り身の焼き魚も背の方を向こう側、腹の方を手前側、または背の方を左側、腹の方を右側ですとか、一定の決まりごとがあります。

もちろん、器や付属するあしらいも含めて全体のバランスを取るのも大事です。

例えば日本料理の職人が5人いて、茄子と南京と小芋の煮物を同じ器に盛り付けたとしたら、5人が全員同じように盛り付けると思います。

右と左に盛るものが多少違うことがあっても、基本的な事はやっぱり同じなのです。

ただ全てを基本どおりにやっていると、誰が盛っても一緒の盛り付けでおもしろみがありません。私たちプロの料理人に求められるのは、今までとは違う感性や他店とは違うオリジナリティだと思っています。

洋服の着こなしやデザインのように、今までの常識を崩すところに新しいものが生まれます。料理も横に盛っていたものを縦に盛り付けたり、平面に盛り付けたものを立体的に重ねてみたり、何か今までと違うことを見つけなければいけません。

大きなリスクは背負いますがチャレンジすることが重要なのです。

陶芸家が生み出す個性溢れる器のデザインも新しい料理や盛り付けを生み出す大きな要素になると思います。

最近の若い作家さんの多くは、今の平和な時代と相まってどんな料理でも盛りやすい器や重ねやすい器など、上手で便利な器が多いのですが、どこか大人しく個性に欠けると思っています。

料理店を始めて20年余り、器を買いすぎたせいもあるのか、普通の器に料理を盛ることに飽きてしまっている自分がいます。この頃は、生意気にも若い作家さんたちに「個性的で、料理が盛りにくい変な器を作ってくれ」と注文をしています。

そうすると、彼らの翌年の個展では個性的な器が並び始めます。

初めて見る形やデザインの器には、どんな料理を盛り付けたら良いか悩み苦しみ、大きな刺激となります。

こうして新しい料理とデザインは生まれてくるのだと思っています。

とはいえ、まず若い料理人は基本的な盛り付けを徹底的に覚えることが大事だと思います。そして、料理長になったり、自分の看板で独立した時には、自分の料理がオリジナリティのある作品に仕上がっているか、器や盛り付けも含めて問われるものです。

物を作り出す仕事は、自分のオリジナルをいかに出すかということでもあり、このことはクリエイティブな仕事においてはみな同じことが言えるのではないでしょうか。

第3章

「素材」から見る日本料理

いい素材には生命力を感じる

30年余り料理に携わっていて「おいしい料理とはどんな料理なんだろう」と、いつも頭の中で考えています。

まずは素材、調理法、料理、食べるお客様、頭の中でいろいろなことが駆け巡ります。中でも料理をするうえで「素材」は最も重要なものです。

では、どんな「素材」が本当にいい「素材」なのだろうか……。

市場で魚を見ていて、「この魚、すごいな」と思うもの、これがいい素材だと思います。この「すごい」と感じる一番は、鮮度はもちろんですが、魚から出ているエネルギーと生命力です。

脂があって丸々肥えている魚がいい、というレベルの話ではありません。言葉にするのは難しいですが、筋肉の張りですとか、面構えの鋭さですとか、その魚が育ってきた人生観や修羅場の数……。そんなことを感じ取れるかどうかということです。

すごい魚には「オーラ」を感じます。人間界とも通ずるものがあるような気がします。

ですので、魚も肉や野菜も、素材選びはあまり有名な産地だけにこだわらず、素材一匹一匹、一つ一つの生きてきた過程を感じ取りたいと思っています。

例えば、200kgの本鮪がいるとします。魚体が大きいのはもちろんですが、200kgになるまでの鮪が生きてきた過程、これには凄まじいドラマがあったはずなのです。

刺身にして一切れ、寿司にして一貫、料理にすると一口に入る小さな寸法になりますが、ミクロの細胞が200kgの鮪のすごさを舌の上で表現します。

20kg、30kg以上あるクエ、3kg近い真名鰹、2kg以上の太刀魚、2kg近い甘鯛、1kg以上ののどぐろ……。挙げ始めたらきりがありませんが、ただ魚体が大きいというだけではなく、エネルギーと生命力を強く感じる素材か、肉や野菜も含めてそのすごさを料理として表現していきたいといつも思っています。

味覚について

味覚には五つの味があるといわれています。
五味とは、「甘味」「苦味」「酸味」「塩味」「うま味」の五つの味のことを指します。

これらの味覚を感じるのは、舌の上です。しかし、舌全面で感じるかというと、そうではありません。

例えば、甘味を感じるのは舌の先端部分です。また、苦味は舌の奥の部分で感じます。塩味は、舌の両サイドの先端に近い部分。酸味は、同じ舌の両サイドですが、塩味を感じるところより奥の部分になります。

そして、鼻からの空気が通らないと味も感じにくいものになります。

また、喉元を通ってからは味覚はなく、感じるのは熱いか冷たいかだけなのです。ですので、食道を通る時に甘く感じたり、胃の中に入って苦く感じたりすることはありません。

ところで、味覚は何のためにあるのでしょうか。

もちろん、味覚で味を楽しむという大事な要素もありますが、そもそも人間が動物として身体の中に入れていいものか否かを、舌で判断しているのです。

例えば、腐敗している物は、酸っぱくなります。そこで、酸っぱい酢の物を口の中に入れると、「これは、もしかして腐っているかもしれませんよ」と察知し、殺菌・抗菌作用や、pHを中性に戻す作用のある唾液を出すのです。

他にも辛すぎる物を入れると、舌が痛いと危険信号を出したり、アクが強いものは舌がイガイガしたりします。あまりに熱い物が食べられないのも、臓器を傷めないためだと思います。

子どもが、ピーマンやニンジンが食べられないのには、理由があります。それは、食材が腐敗すると、ピーマンやニンジンのような青臭い臭いがするからです。そして舌は脳に、「これは腐っているかもしれない」という信号を出します。特に幼少時は食べる経験値が低いため、動物としての本能が鋭く反応して、酢の物が食べられなかったり、生魚が食べられなかったり、ピーマンやニンジンやネギが食べられなかったりするのです。いろいろなものを身体が受け入れないのは、動物としての正常な機能が働いているからです。

最近の幼稚園児や小学校低学年の子どもたちは、回転寿司などで、鮪のお寿司や生魚を抵抗なく食べていますが、これは動物としての本能が少し鈍くなってきたのかもしれません。もしくは食べる経験値が小さい頃から多彩になり、人間の脳が早い段階から安全信号を出しているとも考えられます。

また、食べることにおいて味覚や身体が喜ぶのは自然のもの、天然のものです。これは、人間の生き物としての本能ではないかと思います。

近年では自然のものが取れにくくなり、魚や野菜や家畜も人が食べるために育てられています。人が食べ物を作る過程において、必要以上に人工的なものが加われば味覚や身体にも大きく影響が生じるでしょう。

私の知る限り、日本人は世界で一番繊細な味覚を持っているのではないかと思っております。日本料理自体も、そもそも油や香辛料を極端に使わず構成されています。ですので日本人は、世界で一番薄味をキャッチできる味覚帯を持っていると思います。逆に、辛いものと刺激の強い香辛料、味の濃すぎるものに関しては全く味覚帯が機能しません。

日本料理には、お椀やお吸い物のだし汁、野菜のお浸しや煮物、お刺身の白身魚や鱧の湯引き、松茸の香りなど、素材そのものの繊細な味や香りを表現する料理が四季折々にたくさんあります。

現代では食生活も欧米化がかなり進み、日常的に和食に触れる機会が少なくなっている気がします。せっかく持って生まれた世界一の繊細な味覚を、日本人はもっと大事にするべきではないでしょうか。

魚～活け締めが大事

日本料理は、刺身、焼き物、揚げ物、煮物など、料理によって、素材の下ごしらえも違うわけですが、例えばお刺身であれば、魚を獲るところから始まります。

さらに言うと魚がどのくらいの大きさで、どういうものを食べて、どんな所を泳いでいるかから始まっています。

お刺身はもちろん、魚料理をするにあたって重要なことは、活け締めをしているか、していないかです。

網で大量に獲る鯵や鰯などの小魚や、金目鯛や目抜けなどの底物、活け締めするのに物理的に不可能なことや必要性のない魚以外は全て活け締めをして血を抜くことがおいしい料理につながります。

活け締めをしていない魚は、全体的に血が回り腐敗やにおいの元になり、料理にも大きく影響します。

魚料理はそれだけデリケートなものなのです。


お刺身で使う魚は、一本釣りで丁寧に釣り上げるのが主流ですが、釣り上げるまでに魚もかなり抵抗するので、筋肉にもストレスがかかります。釣り上げたあとは、暴れた筋肉を落ち着かせるために、浜で一日水槽の中で休ませてから市場へと送ります。

網で獲る獲り方は、一本釣りの魚より筋肉にストレスはありませんが、周りの魚とぶつかったり、重なったりで多少のダメージが出てきます。こちらもやはり、釣り上げた浜の水槽の中で一日落ち着かせて市場へと送ります。

市場では生きたまま競りにかけられ仲卸が競り落とします。仲卸の水槽に一度入れられ、注文の魚を活け締めします。

刺身という料理はここから始まっています。

魚を締めてから血を抜き、そして細い針金やピアノ線などで神経を抜きます。こうすることで、魚は死んでいるのですが、生きているような身の張りと旨みがのってきます。

焼く魚、蒸す魚、煮る魚においても、活け締めしてからどれくらいの時間が経ったものを使うか。死後硬直を迎えたあと、どれくらいの鮮度感と旨みの乗り具合のものを使って料理をするか。

その魚の大きさや状態、または料理法によっていろいろと考えます。

これだけ丁寧に魚を扱い、下処理をしてから料理をしているのも日本だけではないでしょうか。日本では今となっては当たり前のことですが、世界ではまだまだ活け締めも、神経締めも浸透していません。

世界中のほとんどは網で魚を獲って籠に詰め、氷を入れて冷やし、そのまま流通しています。

丁寧なところは内臓を取っていたりもします。一本釣りで釣り上げる魚ももちろんありますが、生きたまま港まで運んだり、活け締めをして血を抜く下処理をする国はほとんどありません。

私はフランス・パリで日本料理店を開いて8年ほど経ちますが、元々ヨーロッパの魚事情が日本と比べてあまり良くないことは知っていました。

実際にパリで活け締めがされていない魚を見て、この先10年15年、この活け締めをしていない血の回っている魚を使い続けることはできない、だったらどうすればいいか。日本と同じように活け締めをして血を抜き、刺身やお寿司のように生でも食べられるクオリティの高い魚までもっていくにはどうしたらいいのか。死ぬほど考えました。

日本では日常、当たり前に行っている事がフランスでできないわけがないと大改革を決断しました。活け締めをした魚と活魚の流通が確立できれば、魚のクオリティは大きく変わる……。そうすれば、フランス料理はもちろん、世界中の魚料理はもっとおいしくなる、そんな思いでした。

私のエネルギーは1馬力しかありませんが、フランスで活け締めを広める活動を始めました。ここには一言二言では語り切れないほどの想像を絶する苦労と様々な困難がありましたが、この活動は、パリ在住で私の通訳とさらに地元の漁業関係者や漁師、シェフなどとの間をつないでくださった相原由美子さんと、パリで鮮魚店開業に至るまでの全てをサポートしてくださった大徳社長をはじめ、心あるたくさんの日本人と多くのフランス人の協力のもと、何とか広めることができました。8年経った今では、フランスの港のあちこちから活け締めの魚や活魚の流通が始まっています。

レストランのメニューでも活け締め魚のカルパッチョやソテーなど、活け締めした魚が特別な扱いをされるようになりました。

数えきれないほど、地元の漁師や魚屋さん、漁業組合と交渉をし、数えきれないほどフランス料理のシェフ、漁業関係者を相手に活け締め講習会を行いました。そして少しずつではありますが、魚を活け締めにするという新しい文化が根付こうとしています。

私のパリでの8年間は本物の日本料理を広げることはもちろん、この魚の活け締めと活魚の流通を伝えるためにあったような気がします。

繰り返しになりますが、魚は活け締めされている事が一番大事です。日本の魚文化として世界に伝える大きな技術は魚を活け締めして血を抜くことです。これによって、世界中の魚料理が大きく進歩すると信じています。

うなぎ～天然大うなぎ

4～5年前の朝のニュース番組で見たのですが、その当時、日本で流通しているうなぎの99・6％は養殖うなぎで、残りの0・4％が天然うなぎだと報道されていました。

その中でも当店で使う1kgを超える大うなぎと呼ばれているものは、わずか1％～

２％で、ほとんどいないということです。

通常、うな重に使われるうなぎは一匹２００ｇから２５０ｇのものが多いので、１kgのうなぎは、その４～５倍の大きさということです。

うなぎは、養殖と天然では生きている背景や食べているものが全然違うので、身質も大きく異なります。

もし、１kgの養殖のうなぎがあったとしたら、脂がこってりしすぎて、後味も気持ち悪いものになるかもしれません。

しかし、逆に言うと天然のうなぎは、餌も自然のものしか食べていないので、２００ｇ、３００ｇだと、脂も薄くしかのっておらずおいしくありません。

おいしいと感じる天然うなぎは、最低でも５００ｇ以上のものです。７００～８００ｇぐらいになると、見た目もかなり立派です。２kgぐらいのうなぎになると、もう言葉を失うほどの存在感です。

私が銀座に店を出した18年前は、天然の大きいうなぎは扱いが難しいのと、味が大味という固定観念があったようで、うなぎ屋さんでも、扱いが難しい食材でした。

しかし私が修業をした徳島の「青柳」では、地元吉野川で獲れた大きな天然のうなぎを使って見事な蒲焼きを出していました。

味はもちろんのこと、その生命力と料理から出るエネルギーの強さには、世の中にはこんな素晴らしい食材があるのかと毎回感動させられたものです。


そもそも、うなぎの生態は長い間謎に包まれていましたが、最近うなぎは成熟すると川をくだり、黒潮に乗り遠路はるばる日本の南下にあるマリアナ沖まで泳ぎ、そこで産卵をして一生を終えることがわかりました。

そして、今度、マリアナ沖で発生した稚魚が日本まで北上し、日本の川をのぼり、土を這って湖にたどり着くのです。


ちなみに天然の大きなうなぎは湖で獲れることが多く、湖のうなぎの方が川で獲れるうなぎよりも色が緑や黄色がかっていて味も濃く、うなぎ独特の香りが強いのです。

一方で、川のうなぎは、湖で獲れるうなぎよりもあっさりとしていてきれいな味と香りがします。個人的には私はワイルドな湖のうなぎの方が好きです。

湖でもいろいろな産地がありますが、味の違いには、産地の違いよりも、うなぎ自体の大きさの違いの方がより大きく影響を与えます。

例えば、５００gのうなぎよりも１kgのうなぎの方が、香りも味もスケールが大きく、１kgのうなぎよりも、２kgのうなぎの方が、すごさが増してきます。

同じ産地で、同じ２kgのうなぎを比べても、見た目の色も、筋肉の張りも脂ののりも微妙に違います。

ですので、こだわるべきところは、どこどこで獲れた、という産地よりは、うなぎ一匹ごとの大きさの違いなのです。

ただ、天然の大うなぎは選べるほどの数はないのでそもそも貴重でして、いつも大事に扱わなければいけないと思いながら向き合っています。

ところで、天然のうなぎはなぜ減ってしまったのでしょうか。

少なくとも江戸時代までは全てのうなぎは川や湖で獲れた天然のうなぎだったはずです。今でこそ、うなぎは夏が旬の食材という風になっていますが、天然のうなぎ自体は、晩秋から冬がおいしいと言われていました。実は、現代でも天然うなぎのおいしい時期は、一緒のはずです。

夏場の暑い時は、うなぎが生息している川の温度が高くなり、人間と一緒で食欲が減退して、身もたれてやせておいしくない、と言われていました。

うなぎは真冬の本当に寒い時期を迎えると、冬眠はしないのですが、ほとんど餌を食べなくなるそうです。ですので、秋が深まり、少し水温が冷たくなると冬ごもりのためにたくさん餌を食べるため、脂がのりおいしくなると言われています。

ですので、江戸時代のうなぎ屋さんは、夏になると暇になってしまい、それで困って知り合いの平賀源内に相談したそうです。アイディアマンだった平賀源内は「土用の丑の日とうなぎの『う』を掛け合わせて、うなぎを売ってみてはどうだろう」とうなぎ屋さんに提案し、この企画が大当たりしたのが今でも残る土用の丑の日になったと言われています。

現代でも夏場の暑い時のスタミナを回復するのに、うなぎを食べることが定着し、いつの間にかうなぎの旬も夏に変わってしまいました。

天然のうなぎが激変した理由の一つには、戦後の高度経済成長期時代を迎え、家庭用水、工業用水を川に流し、川が汚染されて、うなぎが生息できる環境を失ったことが大きな原因だと言われています。

さらにそれと同時期ぐらいにうなぎも養殖をする時代になり、養殖業者もたくさん生まれました。しかし、当時は質や安全よりも、とにかくうなぎをたくさん育てて売ることが優先され、狭い水槽の中で効率よくうなぎを育てて出荷することに力がそそがれました。

狭い水槽内でうなぎが病気にならないように、餌の中にたくさんの抗生物質を入れて与えていたそうです。

そうすることによって、一年中安定した供給と、同じ大きさと同じ味のうなぎが市場に出回るようになったわけですが、人が育てたうなぎと天然のうなぎでは、姿や味にも違いはあったと思います。

現代では、養殖のうなぎの飼育環境は見直され、自然に近い餌やストレスのない飼育環境により、香りや味、身の状態も素晴らしく改善されたものが流通されています。

うなぎだけは、人工ふ化が極めて難しいとされます。日本の食文化の中で、うなぎのない生活は考えられないと思います。

自然に獲れる天然うなぎはもちろん、数々の苦労を乗り越えて今がある養殖のうなぎ産業も絶やすことなく、うなぎ料理を楽しめる環境を維持できる世の中であってもらいたいと思っています。

うなぎ～蒸すか焼くか

うなぎのさばき方は、よく知られているように、関西と関東では違います。

関西は腹開き、関東は背開きです。これには、関東は江戸幕府のお膝元が故、腹開きにすると切腹をイメージさせるので背開きにし、関西は腹を割って話す商人の文化から腹開きにしたという説があります。

そして、関西は、うなぎを蒸さずに焼きます。一方関東は白焼きにして蒸してから、タレを付けて焼きます。またタレも地方によって味が違います。一般的に関西圏は砂糖を入れますが、関東圏では、砂糖は入れません。

これは聞いた話ですが、関東圏では昔、天然のうなぎが獲れた川の河口付近は、土と泥質だったそうです。それに対して関西圏は砂と砂利質なんだそうです。砂と砂利を吸って吐いたうなぎは泥臭くないので、そのまま普通に焼いたそうです。

しかし、関東圏のうなぎは泥臭かったので、釣ってから1日泥抜きをしていたそうです。そこで、たまたま誰かが保存目的もあって蒸したところ、嫌な泥臭さが抜けたのかもしれません。

もう一説は、お殿様のところまでうなぎをお持ちするのに、お櫃やたらい等に炊いたご飯を入れて、上に焼いたうなぎを載せ、蓋をして風呂敷に包んで運んでいたそうです。その道中で焼いたうなぎがご飯の熱で自然と蒸されて柔らかくなり、それを食べたお殿様がえらく気に入ったところから、蒸した柔らかいうなぎが広まったと言われています。

白焼きをして蒸してから蒲焼きにするのは、一見、手が込んでいるように見えますが、白焼きをして蒸しておいておけば、お客さんが来たら、その場で仕上げをして出せばいいので、スピード重視の江戸っ子にはこのスタイルが好まれたのかもしれません。また、少し蒸された柔らかい感じも江戸っ子好みだったのではないでしょうか。

保存のことや、泥臭さを抜くこと、食べやすさなどを考えた結果、関東圏では蒸し焼きに結びついたのだと思います。

そう考えると、日本料理で、蒸してから焼くものは、うなぎ以外にありません。このカマスは脂が乗っているから、蒸してから焼こうとはなりませんし、このサンマは脂が乗っているから、焼いてから1回蒸そうともなりません。

関東風か関西風、どちらが好みかは、人それぞれです。

生まれ育った地域によって子どもの頃から食べ慣れているうなぎの食感が一番の基準になるのかもしれません。

パリッと焼いた感じのする関西のうなぎがおいしいという人もたくさんいますし、

ご飯の柔らかさに、うなぎのふわっとした、ある意味溶けるようなタレ焼きのうな重がおいしいという人も多いです。

ただ、天然のうなぎに関しては、蒸すとせっかくの大事な脂が抜けてしまうので、私は直火焼にします。蒸すと身は柔らかくなって食べやすくはなりますが、同時に天然ならではの良質の脂も抜け、鍛えられた筋肉もほぐれて抜け殻のようになり、天然のうなぎが持つエネルギーが感じられなくなります。

蒸さずに炭火で地焼きをした天然の大うなぎは、やはり皮が硬かったり、骨が気になったりします。

そもそも天然のうなぎ、もっと言うと野生のうなぎは人に食べられるために生きているわけではありません。生命の危機と1分1秒戦いながら、１kg以上の身体をまとっているわけです。

ですから、ある意味、天然のうなぎは人間にとって優しくない食材です。それをどうにかするのが料理人の仕事ですが、あまり食べやすさに特化した調理をしてしまうと、食材そのものの生命力がなくなるとも思っています。

身の厚さ、噛んだ時の押し返してくるような弾力、なによりもグッとくる生命力やエネルギー、野生感などは食べていると興奮します。これが、天然うなぎを感じる瞬間です。


天然うなぎは、まさに、命をいただくということが舌を通して分かる食材なのではないかと思っています。

おいしさを味わうというよりは、すごさを味わう料理だと思います。天然のうなぎは、私が扱う食材の中では一番エネルギーの強い手ごわい食材です。

鮎～夏の花形料理

日本料理において鮎という食材は、特別なものだと思います。

なぜなら、季節を大事にする日本料理の中で、鮎が示す夏らしさは格別なものだからです。そもそも鮎を特別な料理として捉えているのは、世界の中でも日本料理だけではないでしょうか。

最近では、日本でのフランス料理やイタリア料理、中華料理でも鮎は幅広く使われるようになりましたが、やはり「鮎」は夏の日本料理の中での花形だと思います。

鮎の寿命は1年です。秋に川の下流で孵化した稚魚は、川を下って海にたどりつきます。河口の浅瀬で冬を過ごし、春になると群れを作り、川を遡って中流付近へのぼり、群れから離れます。そして秋になると川の下流、淡水と海水の境目あたりで産卵をし、一生を終えます。

鮎もまた、うなぎと同じで天然物が減っています。

鮎が産卵をするあたりがダムになったり、川も洪水対策のためにコンクリートで固められてきているので、鮎が遡上できる川が、ほとんどないのがその理由です。

そこで、鮎の養殖業者が4月から5月頃に10cm程度に育った稚魚を上流で放流します。地域によって差がありますが、6月1日から釣りが解禁になるので、釣り好きな人は、遊漁券を地域の漁業協同組合から購入して、10月ぐらいまで釣りを楽しむことができます。

鮎は、友釣りという方法が有名です。

鮎は縄張り争いが好きで、ものすごい獰猛です。鮎の群れには、暴走族のリーダーのような鮎が存在します。

そこに知らない部外者が入り込んでくると、敵が来たということで、鮎たちがバーンと攻撃をしかけます。

この習性を利用して、仕掛けに養殖の鮎をかけておき、それを岩場のところに流し込みます。縄張りを荒らされたと思ってやってきた鮎を針にひっかけて釣るのが友釣りです。

上流から養殖の稚魚を流しても、いつのまにか天然の本能が芽生えていくのがおもしろいところです。もちろん、そもそもは養殖の鮎ですが、ルールとしては放流した瞬間から天然と言われています。

放流鮎は、放流してすぐ釣り上げるとまだ養殖の面影がありますが、河口付近になって大きくなると、味や色も天然化が進んでいます。

天然の鮎は、ヒレが大きく、前歯や顎も発達しているので顔が角張っています。さらに運動量も多いので、お腹も引きしまっています。また黄色い斑点が出やすいのも天然鮎の特徴です。

鮎は香魚ともいい、身のうまさを感じるのはもちろん、鮎独特の香りを楽しむのも鮎料理の特徴です。各都道府県の河川ごとに微妙な味の違いをもち、それぞれの地域の人たちが、自分たちの地元の鮎に誇りを持ち、それが地域おこしや観光名所にもなっています。

全国的に有名なところは岐阜県の長良川や高知県の四万十川、京都府の保津川などで、聞いたことがある方も多いと思います。

鮎～究極の塩焼き

私も修業時代から、鮎の専門店を含め、鮎の塩焼きにこだわる店で学んできたため、鮎の塩焼きには特にこだわりがあります。

私が思う究極の鮎の塩焼きには、まず3つの条件があります。

一つ、鮎が生きていること、二つ、炭で焼くこと、三つ、サイズが15〜16㎝であることです。

なぜ、生きているものが重要なのか。鮎の一番のおいしさは苦玉、つまり胆囊にあります。臓器が生きていると、苦甘いのです。しかし鮎が死ぬと、甘さが抜けて苦くなり、時間がたつと臭くなります。

鮎以外のほとんどの魚は、まず下処理として頭を取り、内臓を取り、血合いをきれいにし、水洗いをして拭いておきます。そうすることで日持ちがします。

内臓を入れたままにしておくと、それが臭くなり、臭みが身の方にも移るので、内臓が一番嫌われるわけです。

しかし鮎は、その内臓、苦玉がおいしいので、生きているのと死んでいるのとでは、大きく味が違ってきます。

ですから鮎は生きていることが絶対の条件になるのです。

それから、とても不思議なことなのですが鮎は死ぬと脂が劣化します。

普通の魚は、例えば鰆でも、甘鯛でも、スズキでも、カマスでもそうですが、とれたてのピチピチは味がしません。そこで、塩焼きとして食べる場合は、下処理をしたあと、1kgぐらいのもので2日ぐらい、2kgぐらいのもので3~4日置きます。するとと死後硬直が終わり、筋肉が柔らかくなって脂がこなれ、おいしくなります。

しかし、鮎は死んで1分もしないうちに脂が劣化し、スカスカになったような感じになります。

二つ目の炭で焼くことが重要なのは、2章でもお話をしましたが、炭で焼く方法だけが、鮎自身の脂が炭に落ちて、その香りが味わいとなって戻ってくるからです。これは鮎に限らず、甘鯛、スズキ、カマスといった魚や肉も同じです。

電気、ガス、オーブン、フライパンなどは、火は通りますが香りは付きません。また、「火が通る＝水分が抜ける」ということなので、硬くなってぺちゃんこになります。

炭だけが遠赤外線の力で内側の身が膨らむようになるので、絶対に鮎は炭で焼かないとおいしくありません。

最後のサイズに関してですが、私が15〜16㎝の大きさがベストだと思うのは、鮎のおいしさの秘密である苦玉と身全体とのバランスが、この大きさがベストだからです。サイズが大きくなれば苦玉が大きくなるかと言えば、それほど変わりません。人間でも、160㎝の人と180㎝の人で、心臓の大きさがそれほど変わるわけではないのと同じではないでしょうか。

そうなると、苦玉と身のバランスが大事になってきます。苦玉に対して身全体が大きいと味が足らなくなり、蓼酢を付けるなど、途中から何かを補わなくてはいけません。

また、15〜16㎝の鮎は、一般より少し小さめですが、これぐらいのサイズの方が、骨が柔らかく、身もパサついていないのです。

これ以上小さい鮎になりますと、炭火で焼いた時に中から膨らもうとするので、それに身が耐えられなくなります。

そこで、これより小さい鮎は、天ぷらや唐揚げにすると、均一に水分が抜けて、ギューッと身がつまり、とてもおいしくなります。

私の店の鮎の塩焼きは、とても特徴的です。

生きた鮎に塩をふり、太陽光のような炭火の遠赤外線と、温風で乾かし続けることで、頭は唐揚げ、尻尾は干物のようになっています。


まず生きている鮎に串を打ち、塩をふります。

焼魚のほとんどは焼き台に対して平行に魚をかけ、炭の温度を均一にして焼くのですが、鮎を同じ焼き方で焼くと、尻尾が一番先に焦げて黒くなり、真ん中の身がちょうどよく焼きあがる時には頭の硬い骨の部分はまだ火が通らず、頭から一匹丸ごと食べていただく状態にはなりません。


ではどうするかといいますと、まず炭をおく時には、平らな状態ではなく、手前の頭の方に寄せて積み上げます。そして鮎は、尻尾側を一段あげて高くし、斜めの状態にします。

こうすることによって、真ん中の身のあたりは塩焼きになり、頭の方は鮎自体の脂がたまってくることで、自分の脂で硬い骨を唐揚げの状態にしていきます。

そこからさらに長い時間をかけて水分を抜き、鮎のもっている旨みを全て凝縮させ、唐揚げになるまで、低温でカリカリに仕上げます。

尻尾のところは、直接炭火をあてることなく、炭台のもっている耐熱効果とうちわであおぐ温風効果で、長い時間をかけて干物のように乾かし続けます。

15㎝の鮎を焼くのに50分から1時間を要します。

焼きあがった鮎は炭火で焼いているのに、唐揚げのようにバリバリッと口の中でほぐれます。


以前は、頭は唐揚げ、身は塩焼き、尻尾は干物のように三段階に分けて焼いていましたが、近年はそこからさらに鮎の旨みを凝縮し、塩焼きだった部分を唐揚げになるまでに仕上げています。

塩焼きとは違う食感と干物のような味の凝縮感を得られて、この鮎の塩焼きは、当店でしか味わえない独創的で個性あふれる一品になっています。

実はこの究極の鮎の塩焼きにたどりついたのは、そもそもは失敗からでした。

お客様の中には、うちの店を接待でご利用していただく方も多く、仕事の話に夢中になって、目の前の料理にすぐに手をつけていただけなかったりもします。

ある日、お客様の料理のタイミングを待っていたら、鮎がほんの少し焼き過ぎた状態になってしまいました。

店では、万が一、炭に落ちたりトラブルがあった時のために、一匹だけ余計に焼いています。それをつまんで食べてみるとおいしくて、もしかしたら、もう少し焼いた方がおいしいのではないかと気がついたのです。

そこで、少しずつ焼き時間を延ばしていくと、だんだん唐揚げのようになり、従業員の評判もいい。

お客様も、最初は、唐揚げのような見た目に、失敗じゃないかという顔をしているのですが、食べると「おいしい」と驚かれます。

ただ揚げるのではなく、自身の脂で揚がっているわけですから、究極の、本当に旨みの凝縮された味になっているのです。

ただ、この鮎の塩焼きを焼き上げるのにはとても神経をつかいます。炭火は毎回状態が違いますから、経験値だけがものをいう世界です。6月1日の鮎をお出しする日の前月、GW明けから職人5人体制で、焼き方を練習していきます。

1週目は10本の鮎で練習をし、2週目はそれを20本で、3週目には20本を時間差で焼けるようにしていきます。そうやって6月1日には仕上がっているようにするのです。

もちろん私も毎日5人分の焼き加減をみるために鮎の試食をします。ですので、この時期の人間ドックでの腎臓の数値は、塩分の摂り過ぎで大変なことになってしまいますが、こうやって仕上げていくからこそ、この鮎の塩焼きを「究極の塩焼き」として自信をもってお出しできるというわけです。

牛肉～ブランド和牛と等級について

日本では、宮崎、沖縄、鹿児島に牛の繁殖農家が多く、ブランド和牛も多く育てられています。

牛は競走馬と同じで、血統がものすごく大事です。

父が誰、母が誰ということが大事で、エース牛から精子を取り、冷凍保存をし、いいメスを見つけて種付けをします。そういったことを専門でやっている繁殖農家が、宮崎、沖縄、鹿児島に多いのです。

繁殖農家さんが育てた子牛は８カ月、成牛の場合は26カ月から30カ月、長くて36カ月で出荷されます。中央卸売市場で格付員がＡＢＣに分け、そこから１番から12番に分けて競りに出されます。

食肉処理業者が解体して枝肉にしたあとは、２日間、冷蔵庫で冷やされます。スーパーで売られる肉は新鮮で色が鮮やかな方が好まれるので、早めに枝肉をばらして出荷されますが、料理屋やステーキ屋には５日から10日間ぐらい経ったあとで、枝肉をばらして出荷されます。

賞味期限自体は、骨を抜いてから、45日から60日だそうです。

そして牛肉には等級があります。牛肉の等級は、公益社団法人日本食肉格付協会という団体で格付けをできる資格を持った人が行います。

牛肉の等級はアルファベットと数字で表します。まずA、B、Cと3つの等級に分かれます。これは、歩留等級といい、一つの牛からどれぐらい可食部分の肉（枝肉）がとれるかで判断します。

分かりやすく言えば、AとBの違いでいえば、脂が少ない方がAで、脂が多くて捨てるところが多いと歩留まりが悪いのでBとなります。

この脂とは、いわゆるサシではなくて、背脂などの皮下脂肪です。


次の数字は、肉質のランクです。1番から5番まであります。これは、①脂肪交雑、②脂肪の色沢と質、③牛肉の締まりとキメ、④牛肉の色沢で決められます。

脂肪交雑というのは、いわゆるサシ、霜降りのことで1番から12番に分かれます。数が大きいほどサシが細かく等級が高くなります。8番から12番が5のランクに相当しますが、12番に分類されるのは100頭のうち5頭いるかいないか程度です。

業界では11番、12番を「とびっきりすごい」という意味合いから、通称「トビ」と呼んでいるそうで、それぐらい出回らない特別なものだそうです。

12番がたまに出ると、競り落とす肉屋さんの間では、「今日はトビが出た」と話題になるようです。

そして、3番以上が霜降りとなり、赤身、赤牛などが、1番、2番に相当します。脂肪の色沢と質は、1番から7番に分かれ、色が白い方が高ランクになります。牛肉の締まりとキメは、締まりがよく、キメがかなり細かいほど高いランクです。牛肉の色沢は、濃すぎず、薄すぎない赤がよいとされています。

和牛はほとんどサシを入れて育てています。サシ自体は、去勢された雄の方が入りやすいそうで、メスの12番というのはなかなか出てきません。

メスは大きくなりにくく、成長するまでに時間がかかります。長くかかる分、餌代がかかり、飼育代がかかるので、高級和牛とされています。

おいしい和牛は、脂の質が全然違います。脂の質がいいと、脂の溶ける融点が低く口の中に残りません。例えば、手で触っただけで溶けるような脂がありますが、こういう溶けるのが速い脂は、キレがよく、口に入れた途端、おいしい瞬間がふわっと広がって、スッとなくなります。

本来は脂が多い分だけ、余計に気持ちが悪くなりそうですが、脂の溶ける融点が低く、質がよいので、逆に口の中で脂切れが良くなり、食後感も余分な脂が残らず心地よい味わいになります。

ですので、そういった融点が低い最上級の和牛を炭火で焼く場合は、焼き方がより難しくなります。根本的にはあまり火を入れ過ぎず、肉質の心地よさを残す仕上がりに仕立てます。

最近では、経産牛をいかにおいしく食べるかといった試みをしている畜産業の人もいます。経産牛は散々乳を搾られ、乳が出なくなると廃棄処分されていましたが、もう1回餌を与えて肉を肥やし、食用肉として出荷されます。

これは、動物愛護の観点から、とてもよい取り組みだと思います。

とはいえ単純に味の観点で言えば、柔らかい肉に慣れてしまうと、経産牛は硬いので、煮込み料理や、タレやソースで工夫が必要のようです。

和牛の中には、今となっては牛肉全体の2％しか存在しなくなった赤身肉だけに特化して育てられている「いわて短角牛」、「土佐あかうし」や「くまもとあか牛」など、牛肉もサシのおいしさだけではなく、肉本来の味を楽しむ赤身肉の貴重な種類の牛もいます。

肉の種類もサシの多いサーロインやリブロースだけではなく、赤身もしっかりあるヒレ肉やランプやイチボ、ザブトンやマルシン、焼肉店の特別メニューにも載っているような希少部位などもあります。

日本料理店の肉料理としては、どういう料理を想像してどういう仕立てにするのかで様々な牛肉やいろいろな部位を使い分けるのがベストな選択だと思います。

現在、私の店で出している牛肉は、ＢＭＳ12の通称「トビ」と言われる最上級の格付肉にこだわっています。

牛肉に関しては18年間いろいろなものを使ってきました。産地やブランドにこだわった時期もあります。Ａ５のサシが嫌になりＡ４やＡ３の和牛も使いました。サーロインやリブロース以外の部位にこだわって使った時期もあります。赤身だけの牛肉も、熟成牛もいろいろと試しました。

しかしどれも全てにおいて何か一つ決め手が足りません。ある時、仕入業者さんに「本当においしい和牛はなんなんだ」と尋ねたら、やっぱり12番の「トビ」ではないかという回答でした。

仕入れ業者さん曰く、1991年の牛肉の輸入自由化によって、ブランド和牛ブームが起こり、他の牛肉との差別化のためにサシの入った和牛が次々とデビューしたのにも意味があり、最終的には脂のきめ細かさと質がおいしさを決めるのではないかということでした。

つまり、牛肉はブランドの名前よりも一頭一頭の状態が大事で、そうなると私たち料理人は、プロの卸業者の目利きを信用するのが一番だという結論に至りました。

この現在のこだわりも、数カ月後には料理に対する新しい価値観の中でまた変わっていくかもしれません。まだまだ牛肉については私ごときが知らないことがたくさんあり、毎日のお取り引きの中で新しい情報を知ることが大切だと日々感じています。

ジビエ～野生の味わい

魚の場合、天然か養殖かといったことが話題になりますが、肉の場合、牛・豚・鶏は人が育てるもので、野生の牛・豚・鶏というものは日本ではほとんど存在していないので、食べることもありません。

牛・豚・鶏の肉は、人間が餌の量や質、運動量、飼育の期間や出荷の仕方など、全てを管理して、おいしい食肉を作っています。ですので、味も食感も、作り手の意図が明確に反映され、味にほとんど外れはありませんが、人が育てた牛肉、豚肉、鶏肉は、食後に何か違和感を覚えます。

これに対し、野生の肉類も日本には存在します。11月くらいから、狩猟が始まる鴨や猪、鹿、熊など狩猟期間があるものないものを含めてジビエとよばれている野生の食肉類がこれに当たります。

古くから狩猟文化の根付いている西洋料理などは、日本よりもジビエの種類も多く、シーズンを迎えると料理のバラエティも豊富で、世界中に認知されています。

ジビエ料理の一番の特徴は、なんといってもその野生感です。自然の環境の中で生き抜いてきた生き物のエネルギーやパワーが味となってすごさを感じさせます。これは人が整った環境の中で餌を与えたり、育てていないところからくるものだと思います。

当店でも、野生の鴨を炭火で焼いたり、鴨の骨からだし汁をとって小鍋仕立てにしたり、猪を柔らかく煮込んだり、熊肉を薄くスライスしてせりやごぼうと合わせてだししゃぶにしたものなどをお出ししています。

熊は冬眠前を狙いますので、一年中出回るわけではありません。猟師は、事前に熊が冬眠する穴を知っていて待ち構えているそうです。

仕留めてから、いかに早く上手に下処理をするかが、肉の味を左右し、料理の味もそれに影響されます。

熊肉の値打ちは何と言っても脂です。中でも一番おいしい部位はバラ肉です。山の木の実や川の魚など自然のものを食べている野生の熊は、脂の質がとても上質で、まるでナッツやどんぐりのような芳醇な香りがします。

取り引きされる値段は希少価値のため高額となっています。

一般的なブランド和牛のサーロインやリブロースの仕入れ値は1kg1万円くらいが相場になっているのに対し、熊のバラ肉は1kg1万5000円ほどで取り引きされています。

ですので、熊の肉は、和牛よりも値打ちが高いということです。

ちなみに野生の鴨などは1kg5000〜7000円くらい、猪などは1kg4000〜6000円くらいが相場です。

この値段は獲れる獲れないの事情により大きく変動することはありますが、おおよその相場です。

とはいえ、これからの懐石料理の中では、様々な肉料理があってもいいと思っています。できればジビエのような自然の食材や、自然に育てられた牛・豚・鶏を扱いたいと常に思っています。

魚も肉も熟成ブーム？

一時期、魚も肉も、熟成されたものが流行りました。

魚も肉も、活け締め後や処理解体後に、死後硬直が始まり、筋肉が硬くなっていきます。しかし、一定の時間が過ぎると、今度は柔らかくなります。アミノ酸が出始め、旨みを感じるようになるからです。

肉の場合、熟成方法はドライエイジングとウエットエイジングの2種類があります。ドライエイジングというのは、枝肉の脂を取り、塊のまま吊るして熟成させる方法です。ブルーチーズの製法と似ていますが、その塊肉にカビをつけます。するとだんだんと菌が肉に繁殖して旨みがつき、食べる時は菌が付いている周囲を削り、中の熟成したところをいただきます。

サーロインやリブロースのように、脂のあるところは酸化しやすいので、もものような赤身がこの方法に向いています。

鮪と一緒で、長い期間熟成できるので、よりその変化が楽しめ、中には1年、2年持つ物もあると言われています。

熟成する場合は、湿度、温度、風などの管理が重要です。水分が多いと菌が余計に繁殖して腐敗するので、素人が簡単にできるようなものではありません。

もう一つがウエットエイジングという方法で、こちらは肉を真空状態にして熟成をさせていきます。

空気に触れずに長期間置くことで、中で徐々に旨みが増していきますが、現在、主流になっているのは前者のドライエイジングです。

熟成肉は、ナッツのような香りがしておいしいのですが、そもそも赤身が多くて硬いので、「肉独特の食感を味わいたい」「ステーキを食べたい」という時に向いています。

私もお店で熟成肉を何度か扱ったことはあるのですが、正直、そのおいしさをうまく表現することができませんでした。

まだまだ使いこなせる技量がなかったと思っております。

今後も、チャレンジしたい食材の一つであります。


じつは、先日、店の従業員と、焼き肉屋さんに行った時の話ですが、お肉を注文すると、すごく肉質のよい肉が出てきました。

私は強火で表面をさっと焼いて、中は少し生に近い状態で食べるのが好きなのですが、そこの焼き肉屋さんは、ガスの弱火で、しかも火力を最大にしても、まだ少し弱いぐらいでした。


しかし、お肉を食べたところ、本当においしいのです。炭焼きにすれば、もっとおいしいかなと思いながら、あまりにもおいしかったので、後日、もう一度行きました。

2回目も、同じようにおいしくて、お店の人に「どこのお肉ですか」と聞いたところ、「今日は石垣牛と、鹿児島です」と言うのです。てっきり神戸牛や松阪牛など、有名どころのブランド牛を扱っているのだろうと思っていたので、意外でした。そこでさらに「おいしくいただいたのですが、なにかこだわっていることはありますか」

と聞くと、「鮮度です」とのこと。

やはり鮮度なのかと痛感しました。ミノや内臓系も、新鮮だったからか、ツブ貝をコリコリ噛むような感じで驚きました。

世の中、熟成ブームですが、鮮度のいい肉を、強火ではなく火が入ったかなぐらいの状態で食べると、みずみずしさや、肉の繊維の刺身感が味わえ、しかも軽い感じでサラッと食べられておいしいのです。

鮮度さえよければ強火である必要も、炭火で香りをつける必要もないのだと分かりました。

鮮度のいい肉には、鮮度のいい肉の食べ方があるわけです。

魚も同じです。

知人の中華料理店に行った時のこと。彼は、水槽の中から生きたアコウダイを取り出し、活け締めをして、その場ですぐにアコウダイを蒸したのです。

普通、蒸す魚、焼く魚、煮る魚は、締めてから1日2日と置いて、旨みがのってから調理をした方が、味がしっかり濃くなっておいしいというのが常識です。

締めたてホヤホヤの白身魚を調理するというのは、ある意味、料理人の中ではタブーなのです。しかし、その中華料理店で、締めたてホヤホヤを酒蒸しして食べたところ、身がプリンとしていて、身の中の水分がまだみずみずしく、ピチピチしていて、とても心地のよいおいしさでした。

この2つの出来事は、私の中では衝撃的で、固定観念がガタガタと崩れた瞬間でした。世の中で一番おいしい物は、何年料理をやっていてもまだまだ知らないものが多いのだなということをつくづく感じました。

松茸〜産地と品質

日本の秋の味覚と言えばやはり松茸ではないでしょうか。

皆様もご存じの高級食材である松茸は、いろいろな事情で、いろいろな国のものが日本では流通されています。

そもそも松茸は赤松の林に自生するものですが、戦後、松食い虫が異常発生し、赤松を全部食い荒らして、胞子が飛ばなくなってしまいました。それまでは山に行けば、松茸は袋一杯溢れるほど採れたそうです。

肉食が解禁された明治以降の一番のごちそうは牛肉のすき焼きでした。松茸は椎茸の代わりにすき焼きにバサッと入れられて、一番偉いお父さんは牛肉を食べ、末席の子どもたちは松茸しか食べられないという嘘のような時代もあったそうです。

そして戦後、松茸が壊滅的に採れなくなり、松茸を日常的に食べていた時代の人たちは、松茸は牛肉のすき焼きに入れるのが一番おいしいとか、子どもの頃はおやつ代わりにフライにして食べていたとか、今の時代には想像もできない松茸伝説が語り継がれています。

実際、松茸が採れるようになるには1年を通して山を下刈りし、綺麗な状態を維持し続けなければいけないということです。これにかける労力は計り知れないもので、松茸に希少価値が付いたのも当然の事のように思います。

現在の松茸事情は、全体の約95%が外国からの輸入品で賄っています。その中で、中国産が70%くらい、トルコ、米国、カナダ産が15%くらいを占めています。最近ではブータンの松茸も話題になったりしています。

松茸を食べる食文化があるのは日本だけではないでしょうか。最近では中国や韓国でも食べるという話を聞いたことがありますが、日本人が持っている松茸への価値観とは大きく違うと思います。

ちなみに、ヨーロッパではトリュフやポルチーニ茸をはじめ、野生のキノコは秋を彩る大事な食材でありますが、ヨーロッパの人達は松茸の存在すら知らない人が多いような気がします。

約70%を占める中国松茸は、価格も安定し一般的には使いやすい食材になっています。なぜなら日本の大きな商社が日本人好みの品質はもちろん、価格や松茸の需要が高まる時期までを見通して、産地と取引しているからです。

国産の松茸は残念ながら全体の5%ほどしか収穫がありません。それは、先ほどお話した通り、戦後の松食い虫の異常発生が一番の原因です。国内では岩手県と長野県が2大産地で続いて北海道、広島県、岡山県、山口県産のものがよく流通されています。

トップブランドは、兵庫県の丹波産の松茸で、味も含めて値段も別格です。

松茸の値段の話をしますと、この10年間の平均的な価格は国産松茸が1kg10万〜15万円。松茸1本が100gくらいありますので、仕入値で1本あたり1万〜1万5000円くらいしているということです。それに対して、中国産松茸は1kg2万〜3万円ですので、1本2000〜3000円くらいで取り引きされているということになっています。

また、トップブランドである丹波産の松茸は、他の国産松茸が10万〜15万円に対して、20万円以上で上限は無い状態で取り引きされています。

私がこの業界に入った30年くらい前は韓国産もよく出回っていました。現在では国産松茸が1kg10万〜15万円しているのに対して、韓国産の松茸は1kg7万円以上の値段で、国産松茸とほぼ変わらない価格で取り引きされています。味も国産の松茸と変わらないほど上質でした。今となっては、何故か2%という輸入量に激減してしまい、とても残念です。

国産松茸と輸入松茸の大きな違いは、流通による鮮度や土からくる養分はもちろんですが、一番の違いは縦に入った繊維質の密度です。国産松茸は繊維質の密度が高く硬くて食感も良く、味や香りも抜けにくくなっています。

それに対して、海外からの輸入松茸は国産松茸より繊維も弱く密度も薄く、香りや味や食感に微妙な差が出てきます。

松茸は繊細な食材で、丁寧に扱わないとせっかくの香りや味も一瞬で失われてしまいます。焼き松茸がシンプルで一番おいしい料理と言われていますが、料理をするのに一番難しいのも焼き松茸です。

炭火でゆっくり火を通し、ぽたぽた松茸エキスが落ちて香りとなって楽しめているうちはいいのですが、火加減と火の入れ方を間違えると、焼きあがった時には香りも味もない硬いだけの棒になってしまいます。

松茸を焼いて香りを出すのと同時に松茸の水分を残し、中身は蒸すようにしっとりと仕上げなければおいしい焼き松茸にはなりません。単純な料理ですがものすごく神経を使う難しい料理なのです。

他にも、松茸の土瓶蒸しや天ぷら、松茸ご飯やすき焼きはもちろん、魚を挟んだり巻いたりして焼く焼き物、肉や魚と一緒に煮る煮物、いろいろな料理がありますが、松茸に火を入れて香りが出るのと同時に、松茸の中に入っている松茸エキスをいかに残すかという、全く逆のことを同時にしなくてはいけません。

料理は頭の中でイメージするものを形として表現するものであり、松茸料理はシンプルが故に難しい料理だと思っています。

これから少しでも国産松茸の収穫量が増え、身近に調理できる時代が来ることを願っています。

野菜～原点を見直す

私の店では、野菜は豊洲市場経由が半分くらい、残りは地方の特殊な野菜・果物に特化した業者さんから仕入れています。また、品物によっては生産者と直で取り引きをすることもあります。

現在、日本の青果事情は大きく二極化していると思います。スーパーでは、大衆向けの形がそろっているものが常時手頃な価格で売られています。

一方で、私たち料理人が好んで使うような野菜は、限られた期間でしか採れない特殊なものや、その土地でしか栽培されていない特殊なもの、一般市場にはあまり出回らない特別な珍しいものが多いのです。

生産者のお誘いや業者さんの紹介で直接畑に行くこともあります。

最近はホテルやレストランが増えたため、ほとんどの畑が西洋野菜で埋め尽くされています。畑に行くと大根やかぼちゃを育てるのに飽きてしまったのか、新種のハーブや西洋野菜ばかりをすすめられたりもします。

私は日本料理を作っているので、純粋に夏にはおいしい茄子やきゅうり、冬には大根や蕪、ごぼうなど、日常使っている日本野菜を求めているのですが、なかなか出会えないのが現実です。

私が長くお付き合いしている群馬県の生産者で、金子さんという方がいらっしゃいます。金子さんの野菜は、無農薬で有機肥料も与えず土だけの力で育てている野菜です。そして、有機肥料も与えずに、土だけで作る野菜はそんなに大きくならないのです。ですので、見た目も流通されている一般の物とは少し違います。特に蕪作りが上手で何種類も育てています。

金子さんの野菜は、食べるとものすごく力強く味もしっかりしていて、大地を感じます。それと同時に全く余分なものがなく最後までピュアな感じです。

野菜作りもその土地のエネルギーの結晶であり、最後は作り手の思いが味となり表現されるものだとつくづく感じます。

料理代金2万~3万円をいただく高額な日本料理店でも、鮪のトロや鮑や雲丹といった高級食材だけをお出ししていればいいのかと言えばそうではありません。

献立の中で、野菜が持つ季節感や魚介類との組み合わせ、全体を通してのバランスはとても大切な要素で、身近にある野菜料理の中でもしみじみと感じるおいしさがあると思っています。

最近はインターネットの普及で小さな生産者を知ることも多くなりましたが、おいしい茄子や大根、かぼちゃを探すのにかなり苦労しています。

有名な生産者はもちろんあるのですが、どのお店も同じところで同じものを仕入れていては元が一緒ですので、料理にオリジナリティが見出せません。

果物も各都道府県が話題作りのために、高額なブランド品種を生産するようになり、マスコミもこぞって取り上げるようになりました。

農業という産業がブランド化し、大きく価値観を変えようとしている現代ではありますが、本質を見失うことなく継続し続ける産業であっていただきたいと思っています。

野菜作りは育てた人でしか分からない苦労がたくさんあるのだと思います。気候の温暖化、台風や大雨の大災害、そもそもの人手不足など、長い間大きな問題を抱えています。食料自給率の低い日本では、これらの問題は早急に解決しなければならないと思います。

私たち料理人は大事に育てられた野菜を丁寧に調理するしかありません。私の願いは、茄子やきゅうり、大根や蕪、かぼちゃなどおいしい日本野菜がたくさん育ち、国内はもとより海外にもより多く輸出されることです。

お米〜日本人の心

当店でお出ししているお米は、私の地元静岡市にある佐野米店から送られてくるお米です。

佐野米店の店主とは中学時代の野球部の同級生で、野球部時代にご両親にも散々おいしい夕食をごちそうになった恩義より、私が商売を始めた20年以上前から変わらず取り引きをさせていただいています。今ではパリ店やニューヨーク店にもお米を送ってもらっています。

静岡市で一番二番を争う米問屋なこともあり、全国から送られてくる選りすぐりの米の中から「一番おいしいものを送ってくれ」と頼んでいます。

餅屋は餅屋というように、当店のお米は、毎日米を見ている佐野社長に、完全に任せています。その結果、通年届くお米は、新潟県魚沼産のコシヒカリで、六日町産と十日町産をブレンドしたものが送られてきます。

単一の農家さんから直接取り引きした方が聞こえはいいのですが、米も農作物である以上、毎年出来不出来の差があり、いつもいい年とは限りません。

もし単一農家さんとの取り引きの中で出来の悪い年に当たってしまうと、一年間不出来の物を扱うことになります。もちろん毎年全国から出来のいいお米だけを取り寄せて吟味すれば間違いはないのですが、その役割は佐野米店に任せています。

今から14年前になりますが、ミシュランガイドで星を獲得してから全国の米農家さんから試食用にといろいろなお米が送られてきました。

改めてあちこちのお米を見直すいい機会をいただいたのですが、最後に一番おいしいと思ったのは佐野米店から送られてくるお米でした。

私の口が慣れているということも大きな理由かもしれませんが、そもそもコシヒカリ自体のもち米のような強い甘みと粘り、香りも高く米自体の存在感としては、やっぱりコシヒカリが優れていると思います。

六日町産と十日町産をブレンドすることにより、米の味が安定し続けるという点もまたおいしさがぶれない理由だと思います。


近年、新種の米もたくさん生産されるようになりました。

気候変動が一番大きな理由だと思いますが、今や北海道も米どころに変わりました。各都道府県の自治体などが県を挙げて新品種をＰＲしています。

北海道「ゆめぴりか」、青森「青天の霹靂」、岩手「銀河のしずく」、山形「つや姫」、宮城「だて正夢」、新潟「新之助」、福井「いちほまれ」など、全国各地で新種の米がたくさんデビューしています。


我々の日常の食生活もこの20年くらいは特に変化したと思います。

昔はご飯のおかずも焼き魚や煮魚、野菜のお浸し、漬物などが主体でしたが、最近はカレーやシチュー、ハンバーグやクリームコロッケなど洋食のおかずも日常的になり、おかずが変われば米の嗜好も変わってきて当然のことです。

また、若い方と年配の方では米の好みも大きく違うかもしれません。

コシヒカリ一強の時代から米の人気銘柄も少しずつ変化してきていると感じます。せっかく米の品種もいろいろと出揃ってきているので、おかずの違いで米を変えたり、その日の気分でお米を変えたりするのも新しいお米の楽しみ方ではないでしょうか。

米は日本人にとって今までの食生活を支えてきてくれたかけがえのない大切なものだと思います。米を食べる食文化を永遠に残すためにも、新しい米の魅力を我々日本人はもっと見つけていきたいものです。

水～料理の味を左右する

料理を仕事にして34年間が経ちますが、その中で気が付いたことの一つに、料理で一番大切なのは水だということです。

以前、私の店で日本酒の会を開催した時に、蔵元さんより仕込み水をお持ちいただいたことがありました。面白半分で仕込み水だけを5つ並べ、ブラインドで日本酒の銘柄を当ててみました。

そうしたら、普段お店で扱っている日本酒ということもあって5種類全て当ててしまったのです。

その時ふと、日本酒で一番重要なのは、水ではないかということに気が付いたのです。

原料のお米が山田錦や五百万石ですとか、酵母が9号酵母や6号酵母ですとか、日本酒の味や香りを形成する要素はいろいろありますが、一番大きいのは水ではないかなと強く感じました。

日本料理の世界でもだし汁は重要な役割を占めるのですが、だし汁一つ考えてみても、材料の昆布が真昆布か利尻昆布かですとか、鰹節が枕崎産か焼津産かですとか、カビの付け方が何番カビかですとか、だし汁の味や香りの違いは、いつも昆布や鰹節を問われることが多いのですが、違いが出る一番の要素は水だということに気が付いたのです。

ですから、水を変えることが、料理の味を変える大きな要素になります。つまり、おいしい料理を作るには、おいしい水を使うことが大事だということです。

例えば、フランスに行きますと、ご存じの方も多いと思いますが水は硬水です。ボールに水を入れて30分くらい置くとボールの縁に白いカルキが溜まって日本では見たことのない光景が広がります。

また硬水を吸って育った野菜は日本の野菜よりも硬く感じます。ほうれん草などの葉物も繊維がしっかりしています。味も日本の野菜よりも数段濃くミネラルもたっぷり含んでいる感じです。

フランス料理の言葉で野菜を「クタクタに茹でる」という表現がありますが、日本料理ではそのような表現はなく、一般的には「サッと茹でる」という言葉をよく使います。

西洋料理では、野菜をみじん切りにして、油で炒めたりするのも野菜の繊維がしっかりしているからだと思います。

日本の野菜は、軟水を吸って育っているので、みずみずしく柔らかいものが多いのです。

味の濃淡を比べても日本の野菜はフランスの野菜より薄いような気がします。ですので、だし汁の旨みを使ってお浸しにしたり、煮物にしたりするのに向いているのです。油で炒めたりすると、せっかくのみずみずしさや繊細なところが壊れてしまうような気がします。

果物も同じようなことが言えると思います。


魚もまたヨーロッパの方が海水の塩分濃度が少し高いようで、魚自体の味もしっかりしています。ですから、バターやクリームといった味付けが向いているのです。

日本の魚は野菜と一緒でみずみずしく繊細です。ですので、強い味付けよりはお刺身やお寿司、塩焼きや酒蒸しといったシンプルな料理の方が合うのです。

豚や鶏や牛も生産者に尋ねると、いい食肉を作るには水が大事だということをよく言っています。

ちなみに豚は全体の70％くらいは水からできているそうで、その他の動物や人間もほぼ同じような比率で水の占める割合が多いようです。鶏もおいしい卵を産ませるために、一番大切なのはいい水を飲ませることだと聞いたことがあります。

つまり、植物も動物も魚も、命あるもの全て、大切なのは水だということです。

日本の軟水を飲んで日々生活している日本人は、同じ水を含んで育っている野菜や果物や食肉、日本近海を泳いでいる魚、日本の水をだし汁に変えて作られている日本料理が身体に合った料理だと言えるでしょう。

このことは、日本人の健康に結びついているのはもちろん、もしかしたら人間性、性格にも影響しているのかもしれません。

だし～料理の命

日本料理の世界では「だしが命」と言いますが、確かにだしが命だと思います。日本料理はだしの料理とも言われ、もし日本料理にだしがなければどんな料理になっていたか想像がつきません。ほとんどの料理が油を使わないので、旨みのベースとなるだしはなくてはならないものです。

だしを左右する一番の要素は、私は水だと思っています。先にも水の大切さについてはお話をしましたが、水が変われば、だしの味も変わります。

だしも水をいろいろ変えて試しましたが、同じ昆布、同じ鰹節を使っていても、水が違うと味が全然違います。

だしは大きく分けて、一番だしと二番だしがあります。一番だしがいいだしで、二番だしは一番だしの次のようなイメージを持つ人が多いと思いますが、使う用途が違うので全く別のものです。

店によって解釈は違いますが、当店では一番だしはお椀だけのために取ります。二番だしはお椀以外の全ての料理で必要とされます。野菜のお浸しや煮物、天つゆや味噌汁、炊き込みご飯など、お椀以外の全ての料理は二番だしを使います。ですので、一番だしに求められるものは香りと喉ごし、そして余韻です。二番だしはある程度厚みがあり、しっかりと料理のベースになるものが求められます。

一番だしは、まず昆布を常温の水に1時間から1時間半ぐらい入れておきます。そうすると、表面の昆布のきれいなところだけから旨みが出てきます。昆布を入れた水を火にかけていきなり100℃で沸かすと、味は濃くなりますが、雑味が出て喉ごしが悪くなります。

昆布は、夏の暑い時は香り高くすっきりとしただしが出る利尻昆布、秋冬はしっとりとコクがあり甘みのある真昆布と季節によって変えています。

お椀の種も、夏場は鱧に代表されるようにすっきり食べやすい食材を使うので、だしも軽快な利尻昆布の方が相性も良く、秋冬の少し寒くなる時期には、椀種もしっかりとした味わいのある食材に変わり、昆布も旨みの強い真昆布の方が適していると思います。

昔は、寒い冬には味の一番強い羅臼昆布を使っていましたが、最近では気候変動により羅臼昆布も収穫が激減して安定供給ができなくなりました。昆布自体も単純に品種の違いだけではなく、同じ利尻昆布や真昆布でも採れた浜による違いや、何年間蔵囲いしていたかでも、香りや味わいが大きく異なります。

当店の一番だしの取り方は、水1リットルに対して昆布を20g入れます。常温のまま1時間半ほど何もしないでそのままにし、次に30分くらいかけてゆっくり70℃まで温度を上げます。

次に1時間ほど70℃の温度を保ちながら昆布の旨みを出していきます。温度を急激に上げたり、高い温度で昆布をグラグラさせると昆布の味は濃くなるのですが、えぐみや渋みなど嫌な部分がたくさん出始めます。

低い温度でゆっくり長く出すことによって昆布が持っている綺麗なところだけを水に抽出したいのです。

また、昆布の旨みが足りなければ、昆布のグラム数を変えたり、温度や時間を変えたりと日々変化するものに対応しなければなりません。

そして、私が思う十分な昆布の旨みが抽出できたら昆布は引き揚げます。

次に鰹節です。鰹節には、雌節と雄節があり、雌節は脂が多いお腹の部分で作ったものなので、一般的には脂から出る甘みも多く、すっきりした喉ごしになりません。当店では背側の雄節を使い、臭みが残る血合いは、全て出刃包丁で取り除いています。

店では、お椀が出るタイミングに合わせて鰹節を削り、一組一組削りたてで引き立ての一番だしを提供しています。

引き立ての一番だしは本当に繊細なものです。一秒ごとに香りも失われ味も劣化していくので、お椀の盛り付けもだし汁の味付けも秒を競います。まるでＦ１レースのピットストップのように素早さと正確さが求められます。

こうして作る一番だしでできるお椀ですので、お客様にもできるだけ早く香りや味を楽しんで召し上がっていただきたいと思っています。

日本料理のほとんどはおいしい瞬間が一瞬で、あとは長く続きません。これはお寿司も天ぷらもお蕎麦も一緒で、おいしくなる最高の瞬間はそんなに長くないのです。

二番だしは一番だしとはだしの取り方も大きく違い、最初に水に昆布と鰹節をたっぷり入れて温度を上げて煮出します。昆布と鰹節の旨みを全て水に出し切るイメージです。アクをすくいながら、クリアでありながら味の濃いしっかりとしただしを取ります。

お椀以外の全ての料理に使うので、大きい鍋を使い、たくさんの量を毎日仕込みます。

このだし以外にも、伊勢海老や車海老の頭を使ってだしを取ったり、鱧の骨からだしを取ったり、うなぎや甘鯛の頭と骨からだしを取ったりなど、料理の用途に応じて様々なだしを使い、食材も頭や骨など、余すところなく使います。

ちなみに当店で使っている一番だし用の水は「TERAQUA（テラクア）」という鹿児島の天然温泉水でアルカリ性の硬度4の軟水です。

日本のミネラルウォーターのほとんどは、山の奥で採取されたものが多く、ミネラルの成分も森や林や山からくるものです。しかし、この水は海側で採取された温泉水で、ミネラルの成分も海藻や昆布など、海系の要素が強いのです。

そもそもアルカリ性であるため、昆布の旨みが出やすいのはもちろんですが、水自体が昆布と出会うとよく馴染んで水が喜んでいる感じがするのです。

二番だしに使う水は私の地元静岡市の安倍川の伏流水を静岡から運んでいます。静岡県は地形にも恵まれ、北側は富士山と南アルプスで覆われ、大きな河川がたくさん流れています。

そんな中でも安倍川は何度も日本一水質が良い河川に選ばれ、地元周辺では井戸水も湧き出て、水道をひねると安倍川の綺麗なミネラルウォーターがいつでも味わえる環境にあります。ちなみに安倍川の水は、硬度40か45ぐらいの中軟水です。

二番だしはしっかりとしただしを取りたいので、柔らかすぎる軟水だと、水の骨格がなく、昆布と鰹節を煮だしても水が受け止められません。

一般的には硬度の高いものはお茶も鰹節もエキスが出にくいと言われていますが、二番だしは水と昆布と鰹節のしっかりとしたバランスが大事で、ボディのぶれない厚みのあるだしを求めて仕込みます。

この一番だしと二番だし、用途は違いますが2つのだしを上手に取らないと全ての料理が台無しになってしまいます。

毎日、同じ水、同じ分量の昆布や鰹節を使っていても微妙に味わいが違ってきますから、最大限に神経を張り巡らせ、極上のだしを目指してだしを引いています。

日本料理にとって、やはり「だしは命」なのです。

第4章

「グローバル」から見る日本料理

世界一繊細な舌を持つ日本人

私は日本人の舌は世界一繊細だと思っています。

例えば、日本料理では定番の河豚や鮃などの白身魚の薄造り、野菜のお浸し、鱧の湯引き、繊細な一番だしのお椀、野菜の炊き合わせ、塩だけの焼き魚、茹でたり蒸したりしただけの蟹など、挙げだしたらきりがないのですが、日本料理の中には油を一滴も使わず、繊細な素材感を表現する料理がたくさんあります。

この魚はどこで獲れたてですとか、いつ活け締めをしたてですとか、どういう処理をしたてですとか、野菜やだしも含めて料理方法がシンプルになればなるほど、料理にも神経をつかい、こだわるところも究極はミリ単位、秒単位になっていきます。

その料理を味わう舌も研ぎ澄まされていないと、微妙な温度、寸法の違い、香りや食感に至るまでを受け止めることができません。日本料理は、寿司や天ぷら、蕎麦、うどん、焼き鳥など見た目にはあまり変化のつかないものが多いのですが、この微妙な違いを楽しむのが日本の料理の特徴ではないでしょうか。

こういった違いを味わうためには、食してきた経験値が大きく影響します。味の濃い料理、しっかりとした料理はどなたにでもわかりやすいものですが、味の薄い繊細な料理は経験値の差が出ると思います。

同じ河豚の料理でも、刺身の鉄刺と唐揚げでは大きく感じ方が違います。醬油やみりんなどに漬けて揚げた、味のしっかりとした河豚の唐揚げは誰が食べてもおいしい料理です。それに比べて繊細な河豚の鉄刺は、食べてきた経験値が物を言います。

河豚の育った環境、締め方、さばいてからの寝かし方、刺身を切る時の大きさや厚さ、ポン酢の味、薬味の量、全てにおいて一つ一つが問われる料理となります。

日本料理の多くは、こういった繊細な仕組みの料理が多く、受け止める側にもそれなりの力量が求められます。だからこそ、日本人の舌は世界一繊細になっていったのではないでしょうか。

世界の味覚

舌の「繊細さ」ということとも関連しますが、料理の味に「絶対」的なものはありません。

つまり、人によっておいしい物は違うのです。なぜなら、それぞれ感じ方が異なるからです。

食べるということは経験の積み重ねです。

それは、食べたことがある物に対して、おいしいと思う、思わない、その裏には経験の蓄積があるということです。

2020年からの新型コロナウイルス騒動により、現在は海外の観光客もゼロと言っていいほど日本に来られなくなっていますが、コロナ前には年間3000万人以上の外国人観光客が日本を訪れていました。

私の店も、お客様の半分近くが外国人観光客でした。外国人観光客といってもひとくくりにはできず、大きく分けるとアジア系、ヨーロッパ系、アメリカ系の3つに分かれます。

もちろん各国おのおのの食文化はあるわけですので、好みの料理や味つけ、味覚も大きく違います。

アジア圏の方は、日本に近いこともあり、食文化も似たようなところがあり、おいしいと思う味への感覚もよく似ています。

ヨーロッパ圏は、味のストライクゾーンといいましょうか、それがアジア圏より少し高めのような気がします。つまり、味がしっかりしていたり、味が濃い料理の方を好まれるということです。

これがアメリカ圏となると、さらにストライクゾーンが高くなるような気がします。

世界各国、気候も違えばとれる食材も違い、食文化も大きく違うわけですので、当然のことだと思います。

日本人も刺激の強いものや辛いものには味覚がマヒして受け止められないことが多いような気がします。

日本を含めて世界の味覚のストライクゾーン、誰もがおいしいと思う食材は何なのでしょうか？

私がパリ店、ニューヨーク店とお店を出したこの10年の経験から感じていることは、一番のど真ん中にあるのはサーモンです。

そしてもう一つ、日本的なものでいくと、鮪の中トロもど真ん中の食材です。

この2つの食材や、この2つの食材を使った料理に近いものは、世界の味覚のど真ん中に位置するのです。

そうなると、鮪の大トロやぶりの照り焼きは真ん中高め、あんきもや和牛の料理なども真ん中高めの料理になります。

逆に白身魚の刺身や野菜のお浸し、さよりや鯵の握り寿司などは、ストライクゾーンはかなり低めで、世界的にはボールと言ってもいいかもしれません。

ちなみに海老やあなごの天ぷらもストライクゾーンのど真ん中にあり、焼き鳥やうな重も真ん中高めです。

手打ち蕎麦や夏のそうめんなどは、かなり低めのところに位置しているのだと思います。

こうしてみると、日本料理のバリエーションは世界的にみて高めの料理よりも、低めのストライクゾーンに位置する料理が多いというのがお分かりいただけますでしょうか。

商売上、海外のお客様に対して、彼らが好むような味つけや料理をお出しし続ければよいのですが、それによって日本料理の根本的な味やスタイルが崩れるのであれば、それは違うと思っています。

私たち日本人が海外旅行に行った時、地元のレストランで日本人は普段、醤油で味をつけた料理とお米を食べる人たちだ、という認識のもと、お醤油味の魚や肉料理が出てきて、最後にお米をつかった料理が出てきたらどう思うでしょうか。

確かに慣れ親しんだ味で気を遣われたありがたいサービスかもしれませんが、やはりその国に行ったら、その国の料理を食べたいと思うものではないでしょうか。

その国の伝統料理やその地方でしか食べられない料理でその国の歴史や文化、ひいては人びとの暮らしを知り、食事を通してその国自体を知るというのが、一番のごちそう、その国を訪れた醍醐味ではないでしょうか。

国が異なれば味覚の違いや好みの違いは存在するものですが、その差を知ることも面白さの一つだと思います。


私の店でも日本料理が日本料理であるために、素材を生かした繊細な味つけや、シンプルな料理法など、根本的なものは何一つ変えていません。

これは銀座の店でもパリ店でもニューヨーク店でも同様です。


海外の店でも、お客様が帰られる時に、今日のお料理の中で一番おいしかったお料理は何でしたか？ と聞くと、意外と「スープ」だと答える人が多いのです。

スープとは、昆布と鰹だしでとった一番だしのことです。料理の中では鮪のトロや和牛もお出しししているのですが、繊細な一番だしをおいしいと感じている人が多いということはうれしいことです。

日本の私の店でも、それ以外の日本の飲食店でも、日本に来て日本料理を初めて食べる外国人も多いと思います。それは日本料理がフランス料理、イタリア料理、中華料理のようにまだまだ世界的な食になっていないからです。

もっと日本料理の良さを知ってもらいたい、広く伝えていきたい。ですから、これからも、私のもっている日本料理のストライクゾーンをぶれずに伝え続けていきたいと思っています。

海外の外食事情

私は2013年にフランス・パリ、2017年にアメリカ・ニューヨークと海外店を2店出しました。パリ出店からは8年ほど経つのですが、所変われば外食事情も変わり、外での食事の価値観も日本人とは少し違うような気がします。

日本では500~1000円でラーメンや牛丼、立ち食い蕎麦屋さん、定食屋さん、メニュー豊富なファミリーレストランなど、低価格でお腹も味覚も満足できる飲食店が数多く存在します。

学生や会社員、家族連れなど、誰もが気軽に便利に利用しています。清潔なお店、親切なサービス、料理のスピードもクオリティも文句の付け所がありません。

これがパリやニューヨークに行きますと、少し事情が違います。為替の問題はありますが、500〜1000円で満足できるお店はほとんどありません。

そもそも彼らにとって外食は空腹を満たすためのものではなく、食事を楽しむことを一番の目的としているからです。

もちろん日本人も食事を楽しもうとする気持ちは一緒ですが、パリやニューヨークですと、それをより強く感じます。

彼らは、外食が1000〜2000円で収まるとは思っていません。気軽なカフェでも、少し食事をすれば2000〜3000円くらいするのは当たり前で、ラーメン一杯も、チップを入れれば2000円ほどかかります。

土地の家賃や人件費、いろいろなコストを含めると日本の倍ぐらいの値段になっています。また日本とは違い会社での接待など仕事がらみの会食は少なく、夫婦や家族、仲間内や恋人とのデートがほとんどです。一人で外食される方もあまり見かけません。

日本ではあまり見かけないラーメン屋さんでのデートも普通にある話です。日本から出店しているラーメン屋さんなどは、内装も凝っており、日本のラーメン屋さんとは違い、レストランという存在感です。お客さんもお酒を飲みながらサイドメニューをいろいろ食べ、最後にラーメンを頼んでいます。

外国の方は、日本人よりは猫舌の方が多く、麺類は音を立てずにゆっくりと楽しんでいます。価格も1食あたり５０００円以上はかかります。日本のような一人のお客様が15〜20分で食事を済ませ、何回も回転するという光景はないのです。

次にちょっと高価格なレストランになるとまた事情が変わってきます。

東京の銀座などのお寿司屋さんに入り、お酒も飲むと一人２万〜３万円くらいは軽くかかるお店が多いです。今はもっと高いかもしれません。

日本料理店やフランス料理などのレストランも、東京では２万〜３万円くらいするのは当たり前になってきて、日本酒やワインなども入れると結構な金額になります。

一方でパリ市民は、夜の普段の外食は、お酒も含めて１万円くらいでおさめたいと思うのが一般的な感覚です。

ミシュランガイドの発祥の地フランスでは、星の有無や星がいくつついているかで自然と食事の価格帯も分かれていきます。

ですので、三つ星店よりも価格の高い一つ星店は存在しません。

一つ星のレストランで、お酒も含めて1万5000円くらい、二つ星で2万円くらい、三つ星で3万円以上というのが一般的な価格帯でしょうか。


二つ星以上のレストランは、パリ市民よりも観光客の方が圧倒的に利用が多く、三つ星になるとそれがさらに顕著になります。

一般的なパリ市民は、誕生日や結婚記念日などの特別な日に、星付きのレストランを利用しているというのが現状です。


東京は、ある意味特殊な街で、夜の食事も会社や仕事がらみの会食と、プライベートな食事とに目的が分かれます。

近年では、外国人観光客もたくさん来ており、多様化が進んでいます。それによって価格も変動しているような気がします。

ニューヨーク市民も、パリ市民と同じようにお酒も含めて1万円くらいでおさめたいと思っているのが本音だと思います。

しかしニューヨークは世界の金融の中心で、世界第2位の観光都市でもあり、世界一土地と物価の高い街です。

ですから上も切りがなく、一人10万円近い飲食店も存在し、チップも含めるとレストラン全体の価格も世界で一番高額な印象を受けます。

最近では、ニューヨークだけではなくシンガポールや香港、上海などアジアの主要都市でもレベルの高い高額なレストランがたくさん存在するようになりました。

そんな中、日本は、世界中の高額なレストランと比べると価格は安いのかもしれません。それは長い間、日本の飲食店が日本人だけを中心にビジネスをしていたからだと思います。

世界中の土地の値段や物価、経済の基準など、様々な事情の中、レストランの存在意義は、価格をふくめて多種多様になってきています。つまり、お客さんは自分の利用目的によって世界中のレストランを楽しめる時代となったのです。

私の海外での経験は、さほど多くはありませんが、その中でもやはり世界一クオリティが高いのは日本であり、東京であると思っています。

500円の蕎麦やラーメンや牛丼、1000円、1500円の和定食をはじめ、2万円、3万円する高額な和食、寿司店、レストランまで、清潔な店内で親切なサービスと質の高い料理を提供する店が多く存在します。

日本には、蕎麦屋やうどん屋、天ぷら屋、うなぎ屋、寿司屋といった和食系のお店だけでなくハンバーグやカレーの専門店、ピザやパスタなどの洋食系、お好み焼き屋、鉄板焼き屋、焼き鳥屋などの大衆系などなど書き出したらきりがありませんが、ありとあらゆるジャンルの料理店が存在しています。

そして全ての価格帯、全てのジャンルにおいて、ありあまるほどの飲食店の中から自分の行きたい店を選べる東京は、世界の食事情からみると、類のない世界一の美食都市といっても過言ではないと思います。

海外の店舗での食材事情

海外にお店を出して8年ほど経ちますが、出店を決意した様々な理由の中に、なんとか日本料理が世界の食にならないかという強い思いがありました。

フランス料理、イタリア料理、中国料理は既に世界各国あらゆるところに存在しています。

例えば、フランス料理は日本人のシェフが日本の食材を使って、立派なフランス料理を作り上げています。そこには、蛤やたけのこを使ったり、かつおや鰆を使ったり、鮎や松茸を使うなど、日本色の強い食材を調理し、芸術的で、素晴らしくおいしい料理に仕立てています。

またイタリア料理もしかりです。アメリカのサンフランシスコでも、アメリカ人のシェフがアメリカの食材を使っておいしいイタリア料理を作っているはずです。

中国料理も庶民的な中華料理屋さんから高級中華料理店まで、世界中にたくさんあります。

一方で日本料理には、未だに日本の食材でなければ料理ができない、日本人でなければ作れない、お客様も日本人でなければ味が分からない、お酒も日本酒でなければ料理と合わない、などの強い固定観念が多く残っています。

確かに、その要素はあるかもしれませんが、それでは日本料理は、いつまで経っても世界の食にはなれません。

日本料理が世界の食になるには、まずは日本の食材を海外に運べるようにし、そして最終的に海外でその国の食材を使って、日本人でも食べておいしいと思う日本料理を作れるようになることが必要です。

そこで、私がやらなければならないことは大きく2つだと思いました。

まず一つ目は日本の食材を海外に運べるようにすることです。海外に日本の食材が運べるようになれば、日本と同じ料理ができるようになります。そして、日本の国益も上がります。これができれば申し分ありません。

現在、香港、台湾、上海、シンガポールなどのアジア圏に関しては、朝一番で豊洲から荷物が出て飛行機で空輸すると夕方にはほとんど現地の店舗に魚が届いています。

それがヨーロッパとなると、そもそも時間がかかるのはもちろんですが、食文化の違いから規制も厳しく、なかなか日本の食材は入りにくいものになっています。

おもしろいのが昆布や海苔などの海藻類は全く規制がないのですが、少しでも着色しているようなものはほとんど駄目で、さらに鰹節などのカビの付いているものは発癌性物質である「ＰＡＨ」が基準値よりも多いということで、ＥＵ向け輸出製造施設の認定を受けた工場で作られたもののみ輸出されています。

日本は鰹節のだしを使って和食を作り、それを食べていることで世界一の長寿国になっているのに、ヨーロッパではそれが理解されていないようです。

魚も輸入できるものはあるのですが、労働者の休みも多く、物流がスピーディーではないため鮮度のいいものはとても期待できません。ちなみに、日本のように時間指定をして、その通りに物が届くのは世界中で日本以外にはないと思います。

そもそも国を超えての食材のやり取りは、例えば日本人が海外にお店を出したことによって、こんな食材が欲しい、こんな食材が必要だという声の中から国と国とが交渉する中、少しずつ増えていくものです。

日本にブルーチーズやモッツァレラチーズ、トリュフやフォアグラ、ハモンセラーノなどヨーロッパの食材がたくさん輸入されたのも、日本でそれを必要とするイタリア料理やフランス料理のシェフがいたからです。その逆で日本から世界中に輸出できる食材も増やしていくべきだと思います。


私がパリ店を始めた8年前は、日本からの輸出は何をとっても足踏みするばかりで交渉も進みませんでした。

安倍政権のクールジャパン戦略から局面が少しずつ変わり始めました。日本の魅力を世界に発信するという国の政策により、各省関係者が積極的に動き始めたからです。

それまでは、私やフランスにある日本食材業者が国の機関にいろいろと頼みごとをしても法律的に難しいということで、話が思うように進みませんでした。ところがクールジャパンが成長戦略になってからは、各省の担当者が逆に私の所にやってきて、フランスやヨーロッパにおいてどんなものが必要なのか、と何度もヒヤリングしてくれるようになったのです。

2015年にミラノ万博が開催されたのも、大きな転機でした。ミラノ万博は「食の万博」として日本の食材をはじめ、日本の食文化を世界に広める万博でした。経済産業省や農林水産省など、食に関係する人たちが何とか日本の食材をEU内に運べないかと、EUの法律で規制されている様々なことに対して、国同士の交渉を始めたのはこの万博開催がきっかけでした。

私一人の声は小さいものですが、国が動くということは大きな力を生み出し、この国のより良い発展につながっていくのだと思いました。

最近では日本の各県が行っている日本酒のプロモーションの成果が少しずつ実り、パリは静かな日本酒ブームとなっています。

フランスの一流レストランで日本酒が扱われているのはもちろん、日本酒のイベントや講習会にも数多くのパリ市民が参加しています。

日本酒のイベントは、押すな押すなとばかりに、利き酒のグラスを取り合うほど大盛況なものが多く、和食のお酒のつまみや前菜も大好評で、イベントが終わると日本人のように鼻を赤くして陽気に笑い出す参加者が多いのが印象的でした。

2014年には日本からEUへの和牛の輸出も解禁になり、各県のブランド牛がパリのJETROや大使館の計らいのなか、EU内にこぞってデビューし始めました。当店もなんとか日本の食材が、フランス・パリに広がっていかないかと、日本酒や和牛などのイベントに参加してきました。

和牛はそもそもフランスの赤身肉とは全く違う味と食感です。フランス人も、最初はフォアグラのようだと不思議がっていましたが、シンプルに焼いた焼肉、すき焼き、ロース煮にした肉の握り寿司など、いろいろな和牛料理を食べるうちに、そのおいしさを知り、全ての和牛料理がフランスにはない特別なものと、大絶賛するようになりました。

私の店では、日本酒や和牛以外にも、メロンや穴子や蓮根など数多くの日本食材普及のためのイベントに参加してPRをしてきました。

一方、これがニューヨークとなると、魚は、ほぼ毎日日本から空輸されています。豊洲と福岡からの空輸が多く、専門の仲介業者も数多くいます。

さらにこれはニューヨークだけの話ではなく、ロサンゼルスやサンフランシスコ、ボストンなど主要都市には同じことが起こっていると思います。

ですので、1日半くらい待てば、豊洲にある魚のほとんどがニューヨークにも届きます。値段はと言いますと、豊洲の値段の1.5倍くらいが相場でしょうか。

そうなると、パリよりもニューヨークの方が魚事情はやりやすく、値段は高くなりますが日本と同じような料理が作れる状況にあります。

ニューヨーク店は日本人のお客様が3割、外国人のお客様が7割、そのうち3割くらいのお客様がアジア系の方たちでした。外国人のお客様からは、この魚はどこの産地ですかとよく聞かれます。魚は豊洲から運ばれていると話すと、大喜びするのです。

それだけ日本の魚と豊洲ブランドの品質の高さは、アメリカ・ニューヨークでも知れ渡っているのだと強く感じました。

雲丹は北海道産、のどぐろは能登半島で獲れたものだと伝えると拍手が湧いたこともあります。実際ニューヨーク店では、日本から送られてくる魚と現地で獲れる魚を上手く使い、日本とほぼ同じような料理が提供できています。

私がやらなければならないことの二つ目は、その国の食材を使って、見た目の美しさはもちろん、食べておいしいと日本人が思える料理を作らなければいけないことです。

あくまで基準は日本で作られている日本料理です。

この基準がぶれてしまうと世界に本物の日本料理は伝わらず、またレベルの高い日本料理が世界の食になることはありません。

海外の食材事情は日本とは大きく違います。その国ごとの気候や地形、自然環境に大きく左右され、日本とは異なる魚や野菜、肉類も多いのです。

また、たとえ同じ種類のものがあっても、鮮度や処理の仕方、硬い柔らかいなどの根本的なものまで含めると異なることも多いのです。

逆に言うと、日本では、特に魚と野菜などについては、優れた鮮度や日本人好みの食感など、日本にしかない世界に類をみない独特のものが多く存在しているということなのです。

しかし日本料理は、この日本の食材がなければ料理ができないという固定観念を捨てて、海外にある地元の食材でおいしい日本料理を作ることにチャレンジしなければいけないのです。

まず私が始めた大きな挑戦は、前章でもお話ししましたが、フランス・パリで日本と同じような活け締めの魚を普及させることでした。そのため活魚の輸送と活け締めの理論やテクニックなど、おいしい魚料理を提供するための根本的なことを、地元のフランス料理のシェフや漁業関係者に伝えてきました。

日本では生きている魚を締めて血を抜く、という処理の仕方は日本全国で当たり前に行われていることですが、世界では全くといっていいほど知られていません。

魚は単純に血を抜いた方が、鮮度を長く保ち、血がまわることで出てくる腐敗臭もなくなります。また、お刺身やお寿司などの生で使う料理はもちろん、焼いても煮ても、蒸しても、血を抜いてある魚とそうではない魚では料理の仕上がりに大きな違いが出ます。

いい食材をシンプルに調理することが信条の日本料理には、そもそもの食材の鮮度も含め、料理をする前の状態に工夫をすることは一番大事なところです。

また日本と海外では、魚介類の種類も大きく違います。

季節にもよりますが、カマスや鰆、ぶりや河豚、さよりや太刀魚など日本ではその季節を象徴するような魚は、海外にはほとんどありません。貝類も、赤貝やとり貝、みる貝、たいら貝などはなく、採れる種類も少ないのです。

雲丹や鮑や浅利などもありますが、大きさや形も微妙に違い、味も異なります。ですので、この状況の違いと種類の少ない魚事情とに向き合わなくてはいけません。

野菜も同様です。たとえば大根、ごぼう、蓮根など日本では一年中当たり前にあるようなものも、ごく一部の日本食材を扱う店でたまにみかける程度で一般的にはありません。

茄子やほうれん草、蕪などは地元のものがありますが、形や味や食感に至るまで日本産のものとは大きく異なります。

ただ日本ではみかけないきのこや薬物やハーブ類などその国にしか存在しないものもたくさんあります。

果物も、日本で採れるものと同じ種類のものがたくさんあるのですが、形や大きさ、食感は日本のものとは違います。

ただ料理人は、そこに食材があるならば、おいしい料理を作ることが求められます。日本料理が世界の食になるためにも、これまでに培ってきた調理法と様々な今までの経験を生かし、その国の食材を最大限に生かし、日本人が納得する日本料理に仕立てなければいけないのです。

日本料理は世界一？

そもそも日本人は日本料理を世界一の料理だと思っているのでしょうか。

何を基準に一番なのか、二番なのか、三番なのか分かりませんが、日本人にとって日本料理はどういう位置づけなのだろうかと考えてしまう時があります。

現在、日本中には世界各国の素晴らしい料理、レストランが存在し、料理を志す人も日本料理以外のものを多く選択し、日本人のお客様も日本食以外の料理に多くの興味を持っています。

日本ほど海外の食文化を受け入れ、その国より洗練させ、よりおいしくした国はないと思います。

また、日本人ほど海外の料理になじみ、器用に作れる国民はいないと思います。最近では、シンガポール、香港、上海などアジアの主要都市でも、同じようなことが起きています。こうしてみると、アジア圏も、培ってきたその国独自の食文化は多くあるはずなのに、世界的にポピュラーなヨーロッパの食文化を受け入れ、近代都市を目指しているように見えます。

一方ヨーロッパ圏に目を向けると、フランス人はフランス料理を世界一だと思っています。それはどうして？　とフランス人に聞いても、答えられる人と答えられない人がいます。フランスワインも世界一だと思っているはずです。これもどうして？と聞いても、答えられる人と答えられない人がいます。

イタリア人もイタリア料理とイタリアワインに同じようなことを思っているかもしれません。スペイン人も……。

飲んだり食べたりするものは、見た目や味も含めて何の基準もありません。見たもの食べたもの飲んだものがそのお客様にとってどれだけ素晴らしいものであったか、その感覚だけが基準なのです。

言葉にできる、できないという事よりも大事なことは、自国の食文化の素晴らしさを感じているか、いないかだと思います。料理には、その国を築いてきた人々の様々な長くて深い歴史が形となり残っているからです。

日本人は日本料理と日本酒を世界一だと思っているのだろうか……。思っていないことは世界にも伝わりません。ただ日本料理と日本の食文化にはたくさんの世界一が詰まっていると私は思っています。

日本料理がヘルシーな健康食であることは世界中にみとめられていることで、今さらいうまでもありません。

良質な素材の旨みを生かし、油をほとんど使わず、シンプルに調理される日本料理は世界で一番の健康食だと思います。

また、一汁三菜を基本とする日本の食事スタイルは理想的な栄養バランスといえるでしょう。

ですので、毎日日本料理だけを食べ続けていれば、健康な体を維持できるのはもちろんのこと、長寿で肥満防止にも役立っているはずです。

もっというと人間の身体は食べるもの飲むものでしか成り立ちません。世界中が、そのことに気が付き始めたことはよいことだと思います。

1年を通じて四季があるので季節の旬と移り変わりを料理で色濃く表現できるのも、

日本料理ならではの大きな特徴ではないでしょうか。

春には春、夏には夏の季節を表現するような食材が自然界からもたらされ、その食材をつかって料理人が芸術と言えるところまで高めるのも日本料理の特徴の一つです。

世界中の国の中には1年中暑い国もあれば寒い国もあります。日本ほど、1年を通して料理を楽しめる国はないと思うのです。

魚介類の豊富さも世界一です。

お寿司屋さんのネタ一つとっても生食で食べられる魚介類が日本にはどれだけあるでしょうか？　世界の国の中には海のない国もあり、魚が獲れても鮮度や処理の問題で生食ができない国はたくさんあります。

我々料理人の知識や技術はもちろんですが、魚に関わる漁師さんや漁業関係者の方たちの魚に対する知識は医学なみのものがあり、また獲れた魚を大切に扱う姿勢や、より良くする技術は世界の漁業関係者とは大きく異なっています。

さらに日本料理は世界で一番文化色の強い料理だと思っています。

1年を通しての行事や節句や祭りごと、お祝いごとに至るまで、人々が暮らしてきた歴史や文化が料理に色濃く表現され、何百年という時間を経て現代に受け継がれてきています。

お正月のおせち料理やお雑煮に始まり、3月3日のひな祭り、5月5日の端午の節句、夏越の祓や、お月見の料理、日本全国各地方にまつわる催事やお祭りなど、全ての行事が料理と結びついていると言っても過言ではありません。

また日本料理は世界一繊細な料理でもあります。

だしをベースにごく少量の調味料で味をつける繊細さはもちろんですが、手先の器用な日本人が作り出す芸術的な料理には、日本という国そのものを表現する繊細で雅な日本独自の世界観があり、他国の料理ではなかなかお目にかかることができません。

少量多品種でいろいろな食材や料理を楽しめ、食後感も含めて食べやすい料理は日本料理以外にはないのです。

最近はフランス料理、イタリア料理、中国料理を含め世界中の料理が、シンプルで、しかも少量多品種で提供されるように変わってきました。世界中の様々な料理がこれから極める究極のスタイルは、日本料理に倣っていくのではないでしょうか。

器の使い方も独特です。

土で作ったものや磁器で作ったもの、漆を使った漆器など原料のバリエーションはもちろんのこと、丸い器、四角い器、三角の器、長い器、ふたのついている器など……。

大きい小さいだけではなく、これだけバラエティに富んだ器を使うのは日本料理だけではないでしょうか。

季節や月ごとに絵柄も変わり、器自体が日本の季節と文化を表現しているのです。

さらにいうとお正月の器は1年の中で1週間しか使えず、梅の花や桜の花、紫陽花の器もほぼ1カ月しか使えません。1年の中でその時にしか使えないからこそ、強い意味あいを持ちます。

料理と器のとりあわせを楽しむのも日本料理の独特な楽しみ方、醍醐味ではないでしょうか。

床の間のかけじくをはじめ花入れや盃、お膳や箸置きに至るまで全てのしつらえが毎月のように変わるのも日本料理の奥深さだと思います。

料理と器としつらえと、行き届いたおもてなし、全てがピタッと決まった時は完成されたドラマや映画のように、言葉にできないほどの感動があります。

これは、日本という国が何百年もの間、受け継ぎ、培ってきた食文化の総合芸術がそこにあるからだと思います。

私の知る限り、今現在、様々な外国人が日本料理の素晴らしさを知りたいと考えています。

まだまだ日本料理の良さとすごさは伝えきれないほどありますが、我々日本人はさまざまなハンディキャップを乗り越え、もっともっと日本料理と日本の食文化の良さとすごさを知り、世界中に発信していくべきではないでしょうか。

日本料理の未来

私は、日本料理にはたくさんの明るい未来があると信じています。

パリ店、ニューヨーク店と海外にお店をオープンしてから8年ほど経ちますが、確かな手応えを感じています。海外店では、お店の営業以外にも、日本食、日本食材、日本文化のイベントにも数多く参加してきました。

そこで目にする外国人の日本食への興味、関心は日本人が想像する以上に強く、今後もより多くの関心を持ってもらうために、日本の素晴らしさを伝え続けなければいけないと思っています。

国内の日本人も、一時期のフランス料理、イタリア料理、ワインへの関心も落ち着き、今は和食や寿司、天ぷら、蕎麦、焼き鳥など改めて日本食を見直す時期に来ているような気がします。

今現在は世界中がコロナ禍の影響で、海外旅行ができにくい状況にありますが、コロナの終息を機にまた、美食を求める世界中の人たちが日本にたくさん訪れるでしょう。

そんな中、まずやらなくてはならないことは、たくさんの和食、寿司、天ぷら、うなぎ、蕎麦、うどん、焼き鳥、とんかつ、和菓子などの日本食ができる若い料理人を育てることです。

そして、日本酒、焼酎、国産ビール、国産ワインなどの日本のアルコール類も、国内需要はもとより、もっともっと世界中にＰＲしていくべきです。

このことは、日本中にある陶器や漆器、伝統工芸においても同じです。日本独自の伝統工芸品は日本人の手からしか作れません。これらのものをもっと世界に発信すべきなのです。

今後、国内はもちろん、世界中に日本食のお店がたくさんオープンすれば、日本の食材をはじめ、飲食店にまつわる全ての国内産業が必要とされ活性化されます。

それにはまず、日本人自体が日本食とそれにまつわる伝統産業に興味を持ち、自信を持って、世界に類のないこの素晴らしい日本食文化を伝え続けなければいけません。

日本食の未来は全ての日本人が作りだすものであり、人から与えられるものではありません。先人たちから受け継いできた、日本の宝を発展的に育てるべきなのです。

世界もそれを待っています。

今こそ我々日本人が、誇りをもって日本食と日本の文化を世界に発信していく時なのです。

あとがき

日本人が着物を着なくなって何年が経つだろうか？

日本人の生活に畳がいらなくなって何年が経つだろうか？

和食を食べなくなって何年が経つだろうか？


いえいえ……。料理人としては、最後の和食だけは永遠に残していきたい大事なものだと思っています。

私のここ最近の10年間は、仕事はもちろんですが、日本料理と日本の文化が発展していくことのために、いろいろな活動をしてきました。

こういった活動は、改めて日本の素晴らしさを知るいい機会となりました。

しかし、現実は全てにおいて日本らしさと日本のよさが急速なスピードで消えつつあります。

日本人が大切にしてきた価値観の中で、変わっていいものとまずいもの、なくなっていいものとなくしてはいけないものがあるはずです。

これらを見直していかないと、世界に類を見ないこの国の大切な食文化は失われていきます。

そもそも日本人が、自分たちの日本の食文化の素晴らしさに気付いていないのです。誰しも日本人なら、おだしを飲んだ瞬間、日本に生まれてよかった、日本人に生まれてよかったとしみじみと感じることがあったはずです。

もっと日本人自身が、身近な日本の食文化に関心を持ち、親から子に、先生から生徒に伝えていかなければいけません。

一方で、外国人観光客がこれだけ日本の食に興味を持って日本に旅行に来て楽しんでいるという事実もあることは、まだまだ発展していくチャンスも大いに残っているということかもしれません。

私自身、50歳を超えて、何か新しい料理、新しい盛り付け、新しい世界観がないか、毎日模索しています。

そんな日々は苦しくも楽しい時間となっています。

料理の世界も時代によって、求められるものは常に変化しています。

１００年前の料理人、２００年前の料理人も、時代は違えども何か新しいものを考えて常に料理の発展のために努力をしていたはずなのです。

新しい料理と価値観も長い時間を経ると伝統に変わり、また新しい何かを次の料理人たちが生み出していく……。

料理の世界は終わりのない旅をしているようなものです。

そして料理が食文化となっていくのです。

日本料理と日本の食文化は先人たちから受け継いだ日本の宝です。

私の人生も中盤から後半戦に入りはじめましたが、このあり余るエネルギーと今までのたくさんの経験をもとに、これからの人生も愛する日本料理と日本文化の大いなる発展のために捧げたいと思っております。

静岡で29歳の時に独立し、銀座で小さなのれんを掲げて18年が経ちましたが、今まで厳しくも温かい多くの言葉をかけてくださったお客様には、感謝の言葉しかありません。

パリ店、ニューヨーク店とめまぐるしく変化の大きいこの10年でしたが、私を支えてくれた従業員と全ての関係者の方々にも感謝を申し上げます。

出版に際して、お世話になったポプラ社の碇耕一さん、フリー編集&ライターの長谷川華さん、夜遅くまで私の原稿作業に、ぶつぶつ言いながらも付き合ってくれた従業員の岩瀬智子さんにもこの場を借りてお礼申し上げます。

読者のみなさま、本書を最後まで読んでいただきありがとうございました。

２０２２年　銀座小十店主　奥田　透

奥田 透

おくだ・とおる

1969年、静岡県生まれ。静岡の割烹旅館「喜久屋」、京都の「鮎の宿つたや」などを経て、徳島の名店「青柳」で修業。1999年、29歳にして故郷・静岡で「春夏秋冬花見小路」をオープン。2003年に東京・銀座に「銀座小十」をオープン。2007年には『ミシュランガイド東京』で三つ星を獲得。その後、「銀座奥田」をオープン。2013年9月にはパリ、2017年11月にはニューヨークに店をオープンするなど日本を代表する気鋭の料理人。主な著書に、『日本料理 銀座小十』（世界文化社）、『焼く日本料理　素材別炭火焼きの技法』（柴田書店）、『本当においしく作れる和食』（世界文化社）、『世界でいちばん小さな三つ星料理店』『三つ星料理人、世界に挑む。』（ともにポプラ社）など、近刊に『銀座小十の料理歳時記十二カ月　献立にみる日本の節供と守破離のこころ』（誠文堂新光社）がある。

この本の著者印税は、先天性心臓病などで苦しみながらも手術を受けられない子どもたちを救う「明美ちゃん基金」に寄付されます。

カバーデザイン　bookwall

編集協力　長谷川華

ポプラ新書
218
日本料理は、なぜ
世界から絶賛されるのか
2022年 2 月 7 日 第 1 刷発行

著者
奥田 透
発行者
千葉 均
編集
碇 耕一
発行所
株式会社 ポプラ社
〒102-8519 東京都千代田区麹町 4-2-6
一般書ホームページ www.webasta.jp
ブックデザイン
鈴木成一デザイン室
印刷・製本
図書印刷株式会社

N.D.C.673/210P/18cm ISBN978-4-591-17209-4

P8201218

生きるとは共に未来を語ること　共に希望を語ること

昭和二十二年、ポプラ社は、戦後の荒廃した東京の焼け跡を目のあたりにし、次の世代の日本を創るべき子どもたちが、ポプラ（白楊）の樹のように、まっすぐにすくすくと成長することを願って、児童図書専門出版社として創業いたしました。

創業以来、すでに六十六年の歳月が経ち、何人たりとも予測できない不透明な世界が出現してしまいました。

この未曾有の混迷と閉塞感におおいつくされた日本の現状を鑑みるにつけ、私どもは出版人としていかなる国家像、いかなる日本人像、そしてグローバル化しボーダレス化した世界的状況の裡で、いかなる人類像を創造しなければならないかという、大命題に応えるべく、強靭な志をもち、共に未来を語り共に希望を語りあえる状況を創ることこそ、私どもに課せられた最大の使命だと考えます。

ポプラ社は創業の原点にもどり、人々がすこやかにすくすくと、生きる喜びを感じられる世界を実現させることに希いと祈りをこめて、ここにポプラ新書を創刊するものです。

未来への挑戦！

平成二十五年　九月吉日　　株式会社ポプラ社